小微企业管理培训丛书

丛书总主编：王国成 廖国鼎 葛新权

咱们

创业去

微型企业的创新法

主　编：廖国鼎
副主编：游妙筑 程振锋

经济管理出版社
ECONOMY & MANAGEMENT PUBLISHING HOUSE

丛书总序

"我很小，但充满活力"、"我不是参天大树，但却支撑着整个国家的经济大厦，维系着寻常百姓的日常生计"。这就是我们"单个渺小，总量巨大"的小微企业，我们接地气、识大局，具有成长性高、策略灵活、应变能力强等特点，但也面临着如下问题：发展方向不明确，缺乏做强做大的持续动力；"急、小、短"的融资，成本高、风险高，渠道不畅不稳；管理水平和人员素质亟待提高等。我们急切需要针对性强、适合我们自己的管理咨询和指导培训，需要社会各界更多的关注和支持。

小微企业是经济增长的源动力，是交织维系一个国家经济总体增长和社会发展的命脉与重要的基础性因素，现如今和今后相当长一段时期内是我国小微企业难得的发展战略机遇期，但专门为小微企业（家）编写的管理知识和培训教材极其缺乏、近乎空白，零散可见，并且可借鉴的一般企业管理的书籍未成体系、未提升为品牌。为满足小微企业（家）自身提升的迫切需求，祖国海峡两岸相关领域的学者和企业家联合，在产、学、研结合的基础上，用行为实验、博弈策略和人本管理等经济管理的前沿理念和先进方法，深入研究大量积累的、丰富的（中）小微企业管理的本土案例，创新管理知识读本和培训模式，拟为创办经营小微企业的企业家们专门推出一套特色鲜明的管理咨询和指导培训系列丛书。

中国台湾地区的中小企业走过的路和所做过的事，或许是我们正在走的路或将要碰到的事。因而，将先行探索者的经验教训和心得感受加以总结、提炼，能为我们所借鉴、发扬和创新，无疑是推动小微企业健康持续发展的强劲力量。

课堂上的教学研讨，是我与中国台湾地区的威舜企业管理股份有限公司总经理廖国鼎先生相识的机缘，我们有共同的兴趣和愿望，有良好的合作机遇和基础，促使我们一次次长谈，一点点调研，一层层策划，一步步推进，形成了这套丛书的构思和框架。专门针对小微企业的特点，本丛书的初步策划如下：

丛书名：《小微企业管理培训丛书》

之一：创业之路

之二：人力资源管理

之三：营销管理与产品定位

之四：成本节约与物流管理

之五：税务合理筹划

之六：融资投资与财务管理

之七：并购联合与结盟、资源整合

之八：国外中小企业经营管理经验借鉴

……

之×：小微企业管理案例分析

不求作为小微企业管理的金科玉律，不奢望成为企业家的案头必备或灵丹妙药，但愿为创办小微企业的同行们提供帮助或参考，在遇到风雨坎坷时，能从中获取化解的启示和招数；当乐享成功辉煌的喜悦时，能从中明确进取的方向并汲取动力。本丛书创作团队的成员主要来自祖国海峡两岸的相关企业和科研机构，理论和实业共同携手与深入探讨，真正的产、学、研结合与共同创造，"切身感受、深入研究、多年积淀、本土实用"，这就是我们的共同期望，也是我们的集体名片。

　　　　同胞携手，共同寻梦。

　　　　小微企业，创业腾飞！

勉为序！

王国成

2015 年 1 月

中国社会科学院

gcwang305@aliyun.com

作者自序

有人说:"想做出不一样的事,就必须择善固执、全神贯注,坚持到别人觉得不合常理的地步。"笔者以亚马逊(amazon.com)创办人贝佐斯(Jeff Bezos)对创业家精神的期望为基础,进而分享交流祖国海峡两岸创业创新的经验,并借助此书的信息让更多创业的微型企业家更有力量面对生存环境,让更多的人愿意从事创新创业的工作。

随着知识经济时代的来临,创新创业形态已经超越了过去的模块,掌握瞬息万变的关键信息与知识,就有创造机会的优势,由于知识、技术与面对人生的态度是创造个人竞争力的基本元素,因此本书围绕着创新创业家精神与相关元素进行讨论,并以此为核心来研究创业家自我实现的各种方式。并且努力通过个案,了解创业家人格特质,并以个案的研究,来发现各种创业家所需要的养分,期许领导与创业家共同努力,真正给创业家一个深入探讨的机会或环境,共创未来。

过去三十年来,环境快速变迁,产业形态改变剧烈,促使企业间的竞争"短兵相接"。显而易见,微型企业在此竞争环境下,因经营上具有丰富的开放性创业理念、高度弹性适应环境的能力,以及求新求变的创业家精神特性,以快速、机动、灵活、弹性、生命韧性及擅长多元整合与学习、模仿等特质,持续投入创新创业活动,促成中国台湾地区经济快速成长并由政府出台政策促进产业转型与升级,更创造上百万的就业机会(中国台湾地区经济部门中小企业处,2007)。而随着时代的演进及政府出台奖励优惠政策的鼓舞,中国台湾地区创新创业人口的比例及总数量越来越高,微型创业也成为近年新增企业发展的主要趋势,无论是中型企业或小微企业,只要团结,用心经营,拥有独特的基本原则,也能产生大营收,这些都考验着创业家的精神与毅力。因此,创业家必须从不同方面去思考组织的生存战略，这样才能在这个瞬息万变的竞争环境下生存下来，发展出组织独立的文化与竞争力。

据瑞士洛桑国际管理学院（IMD）2012年5月出版的《2012年世界竞争力年报》（中国台湾地区行政部门经建会，2010）指出，中国台湾地区创业家精神指标问卷调查（经理人具备创业家精神的普遍度）结果为7.67分（满分10分），排名全球第一，较2011年进步3名，为历年最佳表现（中国台湾地区行政部门经建会综合计划处，2012），而创业家精神的表现，影响深远，激励创新创业精神是一切经济发展的根源，笔者围绕此议题做个案分享，期许着读者能从本书中有所收获，内化精神力的强度，学习他人的创新创业经验并应用于自己的学习成长。

因经济合作暨发展组织（Organization for Economic Cooperation and Development, OECD）在"2012年创业家精神概要总览"中指出，创业家精神的核心价值在于勇于承担风险，并由创业创新来整合周边有限的资源，开发符合市场发展趋势的新产业、新产品与新服务，取代生产效率低、需求成长陷入停滞的产业与商品。实际访谈企业家及研究案例发现，激励创业家精神不仅可提高经济的动能，也能提高产业竞争力，进而带动区域及整体经济竞争力。通过鼓励微型企业创业及创新发展、在全球化环境与政府出台政策的推波助澜下，奠定了中国台湾地区经济亮点并且打造出形形色色的创新创业环境，更重要的是，在中国台湾地区的多数创业家，都充分展现自我开发市场的能力及进取的态度并努力追求产业专业知识、纷纷投身创业发展，即便是从微型企业开始，也都乐此不疲，这才是造就中国台湾地区经济的动力源，也是本书对创新创业议题以中国台湾地区为主要案例说明的动机与背景，所以本书的目的就是希望读者以学习、观摩的角度，去了解创业家的生存发展之路与创业家精神及相关周边环境改善等，所以这是刻不容缓的议题，期许能提供给读者许多"他山之石，可以攻玉"的经验分享。

最后送给创业家一句话："没有一件事是真的，除非你真的看到或者实际去做。"面对创业要非常小心，有太多"噪声"，希望创业家用理性、清晰的头脑去分辨"噪声"，只有这样才有可能获得属于你自己的成功。

廖国鼎

2015年1月

目　录

第一章　探寻无穷尽的潜力市场

　　在亚洲，处处可见林立的连锁超市、大卖场、连锁咖啡店、快餐店、休闲服装店、洗衣店、家电连锁店……中小型零售业不胜枚举。而这些中小型零售业正是造成地方社会经济活力十足的最重要因素之一。过去五十年，在人民及企业界的共同努力下，终于使经济活动、进出口贸易活跃起来。详细研究中国台湾地区的企业结构，除了3%是属于大企业，其余97%皆是小微企业。由此可知，小微企业对于地方经济的贡献不可忽视。小微企业的特色是员工少、机动性高，资金需求不大，公司组织结构简单。也正因为有以上特色，加上又有人喜欢自己当老板，所以使得小微企业犹如雨后春笋不断冒出，更有甚者，所谓"一人公司"的贸易商也大有人在。在近年来，服务业蓬勃发展，凌驾于制造业之上，因此，服务业方面的小微企业比起制造业的小微企业，在活动力、成长力上有很多优势。而在服务业领域的"中小型零售业"更是最具发展势力的一群，也提供了无限的创业机遇。

一、产业环境变迁分析

　　制度学者 Amin 和 Thrift 曾说："全球的任一城市，无一可避免受到全球化影响。"我们了解以目前的全球环境的冲击来说，所有整体国家的战略高度、经济的命脉皆在中小企业甚至于微型企业，大型企业就像大象一样，难以翻身的，当然很多大型企业在创新思维下，期许不断地能够像小老鼠一样快速敏捷，这是难能可贵的。但是大部分的大型企业在转型升级的状况下，其实是非常困难地在做创新这件事，特别是我国，因为制度的关系，造成部分大型企业像大象一样无法翻身，我们探讨的是，领导该如何做才能通过制度来燃起中小及微型企业和青年创业者创业的热情？

中国台湾地区经济研究院副院长龚明鑫曾在 2014 年 6 月提到"协助受全球化冲击影响的产业与弱势民众，务必以滚动性调整因应贸易自由化产业方案，并增加劳工职业培训助重回职场"。中国台湾地区在产业上面临经济成长动能减缓、人才资源流失、投资动能不足、产业发展模式不利、创造附加价值等相同的问题。当产业面临资金、人才、经济成长动能等问题时，国际潮流却不断地改变，挑战和契机随时在变化，全球产业供应链也在变革，产业价值链正在重塑，同时产业主流地位快速更替，新兴市场竞争也在加强。产业面临区域经济组织的整合和快速的经贸变化，领导必须要协助受全球化冲击影响的产业与弱势民众，落实公平正义，采取滚动性调整因应贸易自由化产业调整支持方案。我们认为，产业调整去弱扶强看似残忍却也是让产业环境健全发展的重要手段，也就是调整产业结构，增强地域经济活动，使大部分中小微型企业能以自己最有竞争力的能力迎接全球化挑战。

在劳工方面，则增加职训机会及诱因、强化就业服务，以提升就业能力，促使劳工重回劳动市场，同时鼓励微型创业，辅导企业主强化知识等必要的创业能力，不只自己有工作，还能提供工作职缺，激活经济。中国台湾地区经济研究院副院长龚明鑫提出，基于全球化的产业和劳工策略，包括：产业转型、鼓励微型创业、发挥在地经济、打造社会企业，并保障和协助劳工。当然，祖国海峡两岸携手共创未来，中小企业在这次产业环境大变动的机会下有更多创新创业的商机，比如政策上推动新型城镇化，正如火如荼展开智慧城市试办计划，投资规模上看兆元，并允诺中国台湾地区有机会参与这项大型计划，这样的环境提供祖国海峡两岸中小企业创新创业利基点，中小企业在环境变迁中，能更弹性适应并提供最适当的服务，以上领导单位的做法都在提供良好的生存环境，当然，前提还是天助自助者，只有自己知道自己要什么，别人才能根据需求给你所想要的。其实，生活里处处是商机，只要多些专注、多些努力，再多些坚持，创业不会高不可攀，我们列举 6 个在中国台湾地区自己及身边创业超过三年还能持续努力生存的案例供大家参考。"我们还很小，但很努力面向全世界"，这就是中国台湾地区微型企业生生不息的自我砥砺的生命力。

案例 1-1　面膜界的"新东方女王号"

主要产品：面膜

创办人宋美莳小姐，这位曾是妇产科医生的中国台湾地区美女，为了自己的女儿，才开始研发自己敢用，也敢给家人用的无毒保养品，极具人气的 ERH 医药美妆馆就是她的倾心之作，而膜殿则可看作是一份来自承诺的礼物。创办人宋美莳 MasKingdom 的存在，就是要让每个人都能替自己选张最对味的面膜。膜殿精品面膜品牌是中国台湾地区历史上第一个结合新东方时尚的美容轻精品。挟丰厚经验与资源，将面膜通过生物科技融入在地农产升级加值，经由涵养文化灵魂设计获得生命，创造实用、平价但充满多元惊喜的艺术礼品。

而以美容轻精品概念立基，360 度针对不同人种、肤质、风格、主题做面膜设定，让每个人都能替自己选张最对味的面膜。其中利用本土高科技研发实力，结合中国台湾地区的水、植物、农产、纸等在地元素，让保养变为一种文化体验；产品面，标榜绿色环保、有机草本、无毒添加，并通过人体试验；形象面，以多变创意打造"快速时尚"。为确实做到对顾客负责，从内含物找寻到外包装设计，一切都选用最高规格的。连封装也是全中国台湾地区唯一选用医药等级 9 层压模封装与伽马射线杀菌，不仅经历 72 小时人体贴肤试验，更通过低敏、无毒与皮肤科医生人体测试。

创办人宋美莳将面膜注入艺术气息，与许多中国台湾地区艺术家合作，如中国台湾地区艺术家萨比娜（偶像剧《大红帽与小野狼》指定插画家）、时尚插画家棉花糖、潮流设计师史丹利等，将面膜的外包装设计出多样的风格，绘制童话般面膜包装。另外，也邀请有关当局级"纸雕鬼才"洪新富精制"黑面琵鹭礼盒"，更可爱的是原住民系列的面膜，不仅外包装是原民风，连里面的成分也加入了小米酒、飞鱼卵等配方，充分展现出特色。

在宋美莳前瞻创新性领导下，专业团队坚持提供给消费者纯净无害成分产品，严格自律要求领先其他规范，全商品以植物萃取，绝不使用动物性萃取成分，杜绝不稳定的成分来源，降低问题因子，杜绝人工香料、色素、防腐剂与酒精，以及直接、间接破坏肌肤的成分，杜绝欧盟规范中 26 种有害香料；所有原料拥有最高安全规格，并经 QAI 认证与业界首家通过 SGS 人体贴肤认证、SGS 微生物重金属检测报告，不仅质量保证，效果更超越医学美容；产品一推出都成为热销商品，如以专利性、话题性、独卖性、独创性在业界造成震撼，建构了屹立不摇的产业地位。

案例 1-2 "永远在动、从做中学"——创造年薪百万的快递人员

主要产品：快递物流

中国台湾地区台北市最大的全球商务快递目前有 100 多位快递人员，其中有 20 位快递人员的月薪达 10 万元以上，40 位快递人员月薪达 8 万元以上，其余约 110 位快递人员的月薪也都在 5 万元以上。这样惊人的收入，来自惊人的送件量。只在台北市送件的全球快递，有 1 万个会员客户，1 天要寄送 7000 件快递，1 年创下 13000 万元台币的营业额！台北市 150 家快递公司中，全球快递的业务量不但傲视群伦，而且每年都在业界写下新纪录。

改写这快递业生态的是时年 36 岁、创业 8 年的全球商务快递总经理亚志远。淡江大学水资源环境工程系毕业的亚志远和同年代的大学生不同，他理着小平头，散发着草根气息。创办人亚志远的生意嗅觉早在学生时代就很灵敏。大一时，亚志远因为在快递公司打工，"发现机车快递这个行业有很多可以改进的地方。"所以在当兵时，志远就和四五个好友讲好，退伍后要一起到台北的快递公司工作，将来一起创业。最后，只有 1 个朋友和他一起进入快递业，后来也很快就因为工作辛苦而转行。但是亚志远就是相信这套新模式会成功，咬牙苦撑坚持，"很多人会选择妥协，但我就是不妥协"。

没过多久，这样的新营运模式果然使得客源大开，每个人能负荷的递送件数也大，使得业务量很快实现"三级跳"。全球快递第 1 年的营业额是 50 万元台币，第 2 年马上就变成 200 万元台币，第 3 年又上翻为 800 万元台币，第 4 年则是 2000 万元台币，也创造了更多年薪百万的快递人员。

但是，由于把比较多的利润放在快递人员身上，全球快递在前 4 年虽然成长快速，但却还没真正赚钱。因此，在创业的前 4 年，创办人亚志远都还会亲自跑件，而他每个月的收入就是自己跑件的钱。在第 5 年开始真正赚钱之后，

接下来的几年，全球快递的年营业额更是以 3500 万台币、7500 万台币、9800 万台币、13000 万台币的速度在成长。

巫志远的哲学是，只要公司一赚钱，就有资金可以再投资，改善公司的作业流程，然后又可以再突破业务量的"瓶颈"。1500 万元，这对中小企业来讲是大数目，但却有举足轻重的影响。举例来说，每当客户打电话叫快递，自动软件系统使得接线人员在接起电话后 20 秒内，就可以输入完成所有的收送件资料，并马上传至快递人员的 PDA 手机，可大大增加每个快递人员每天的收件量。全球快递 8 年来从不停歇地快速成长，就是来自于巫志远"永远在动、从做中学"的生意理念，而这也是中国台湾地区中小企业最令人骄傲的活力。

案例 1-3　因缘俱足，坚持信念，劳资平衡

主要产品：人力派遣、管理顾问

创办人廖国鼎筹备威顾管理，于 1997 年、1998 年初陆续发展并通过结盟方式成立"Oclaim Group"，并在 2010 年获得第十届中国台湾质量金像奖。

"Oclaim Group"发展基础为派遣专业劳基顾问指导企业主及其人资部门建立合法有价值的薪资制度并协助与相关主管机关单位互动及各项突然发生的人事与劳动基准法问题的危机处理，合法解决企业的策略提供。

在微利时代，企业改革采用派遣能节省人力成本，创造盈余（例如，节省人员招募、行政管理及劳资争议处理的人事成本、人力风险评估规划在威顾规划下弹性人力的运用同时能解决企业因订单量不同，而产生的人力短缺或多余人力问题，帮助企业有效控管人力，节省成本，并避免无薪价劳资争议问题。因创办人廖国鼎长期关注企业劳资脉动各领域精英共同经营。"Oclaim Group"部门不断增加相关专业服务，其能深入各中、小、微企业的核心人事行政、教育培训等委外的资源，同时观照劳资双方权益与培训中主管应有的专业知识，以期致力于提供专业见解及人资管理相关知识。

"Oclaim Group"除积极介入拓展人力劳务市场的业务、亚洲企业猎才顾问中心，强化由下而上的招募外包服务、派遣人力系统服务外，更植 EAPs（Employee Assistance Programs）系以工作职场为基础，通过公司内部管理人员

及外部专业人员，以系统化及制度化的服务，解决员工因健康、情绪、压力、婚姻、家庭、财务、法律或其他影响工作表现的问题。简单地说，协助员工解决因个人因素而导致生产力下降的问题，称为"员工协助方案（EAPs）"，能为派遣人员及客户提供更全方位的服务。针对国内各行各业对人才有需求的企业，提供及时的人才招募管道，协助补充业主需求的人力，公司的特色为拥有南工北运之经验与实力，并为少数兼具在地化成本弹性的全省性人力派遣公司。能以在地化人力公司的价格，提供全省动员招募及宿舍生活管理的优质服务，对亚洲派遣市场的趋势提供求职者更多元化的工作选择。创办人廖国鼎相信企业成功只因因缘俱足，坚持信念，劳资平衡。

案例1-4 学习无国界的在线英语教学

主要产品：TalkABC 在线英语教学

创办人游妙筑原先在猎头公司担任主管时，接触到高级人才面试时发现这些人的英语口语能力相对薄弱，加上全球化后有关当局及企业对于英语能力的要求，且企业核心竞争力都来自员工不断的学习，面对环境快速的转变，然而这让创办人萌生一个念头：谁能掌握知识发挥智能，便是最大赢家，因此决心投入在线英语市场而创立"创新学习英语网络平台"，提供一个快速学的绝佳通道。

2009年成立TalkABC在线英语教学，以在线学习模式为服务精髓，经由行动学习平台传达多媒体信息，通过一般的桌面计算机甚至更便于携带的笔记本电脑、智能手机、互联网来加以学习，固本公司设立在线客服系统和推出菲律宾师资的"在线一对一"英语家教课程，大大降低在线英语家教成本，将节省下来的费用用以提升在线教学网络及设备环境，于菲律宾设立专门教学点，提供学员具有丰富经验的师资及安静的教学环境，并于2012年组成菲律宾亲子游学团。

企业荣获四川省、重庆市、河南省、南京市、厦门市各协会2012年网络语言学习、菲律宾游学咨询中国台湾地区第一品牌奖。

学习者可通过笔记本电脑或新型智能型手机来进修学习英语课程，突破时空限制随时学习，提升学习及成效。借助推动"全民在线学习"、"缩减数字落差"，可以有效全面激发市场需求，扩大在线学习产业经济规模、营造有益在线学习产业发展环境。

中国台湾地区属于陆地小、资源及市场有限的环境，从人力资源方面来看，唯有培养大量具备国际竞争力的高素质人才，才是未来中国台湾地区在知识经济的国际舞台上成长的关键。而数字学习的应用，能有效降低学习的成本，并通过个人化、高互动的学习方式提升学习质量，学习能力的养成将是提升中国台湾地区人力资源的素质关键。

科技时代来临，网络教学、在线学习……已是趋势，有鉴于传统英语学习因其单向性而有着互动性较差、错误无法立即被指正、口语能力虽有突破性进步的缺点、而大多英语在线家教仍以提供费用昂贵的欧美教师为大宗，收费门槛高，难以达到"全民在线学习"的目标，用低廉的定价回馈给顾客，提供顾客平民化的收费及绝佳的在线教学质量及成效，让有心提升英语水平的大众轻松购买课程，在线专属家教一对一口说与听力训练，让学员能开口说英语，英语不再是哑巴式学习。

二、生存环境的变迁

我们团队经过祖国海峡两岸与全球研究分析，得出以下五点关于生存环境的变迁结论，供读者参考。

（1）随着经济全球化，贸易自由化，国内市场在关税降低、贸易障碍废除后大举对外开放，所以对内需型的中小企业带来不少的冲击。为了追求资源的最优配置，以至于不少大型产业纷纷外移。对若干为大型企业代工的中小企业商机也受到相当大的影响。在亚洲方面，通过关税减让、贸易，投资自由化等等，固然可以为经济及产业带来竞争力，带来庞大的商机，即提升竞争力，但是也会对若干传统内需尽全力的弱势中小企业产生不小的影响。所以如何针对上述在贸易自由化下受到较大冲击的弱势中小企业寻找方针并加以辅导，我们认为以提升其对冲击的承受力是有必要的。

（2）T&T 的总裁约翰·齐格里斯（John Zeglis）曾说："未来只剩两种公司：一种是走向全球化的公司，另一种是破产的公司。"随着全球化与互联网科技时代的到来，一个跨越地域与种族差异的新式领导风格即将产生。而在 21 世纪的竞争环境下，促使各种产业追求更高的效率，以超越现有的标准，加上产业自由化与企业私有化，改变了开放式的经营管理重点，计算机与通信产品以及生活之间的整合正在创造一套新的竞争要求，产业界限模糊化的结果产生了新的竞争方式。由于工作与组织界限逐渐破除，在无疆界世界中"虚拟团队"应运而生。虚拟团队运用新型的工作合作方式，使用通信科技网络加强联系，促进跨越时空及组织的共事；借助跨越距离的通信工具，开启分散地点工作的信息时代，一群人在共同目标的导引下，为完成共同任务而产生互动，虚拟的工作团队使用互联网、企业内部网络走向数字化，为加速无疆界世界形成两大因素。然而，随着先进传输与运输工具发展的突飞猛进，通信网络科技的盛行，国与国间几乎没有距离。跨国企业越做越大，企业间相互并购，有异业结合，也有同业结合，便造成大者恒大而小者恒小。因此，无论是企业，或者是地区，甚至是国家，如何在全球化趋势下发展、生存，这是值得我们深思的问题。

在新世纪中新式科技普遍被运用及全球贸易快速递增下，领导者都要将自己视为世界的公民，拥有宽广的远见和价值观。如身在印度的计算机工程师，可以通过科技和意大利的设计师沟通，研发即将在印度尼西亚制造，而又如在巴西出售的产品由我国北京主管团队与在菲律宾的主管正和另一位新加坡主管及中国台湾地区设计团队在网络视信开会沟通新网络平台执行方案；领导者必须拥有更前瞻性及具全球观点的思维，突破无疆界时代下接受不同的文化与随时变迁的科技才得以转型升级（例如，乐天，Wechat，Skype）。

（3）从传统的会议到共通作业平台。即便是小企业在面临全球化之际仍可以以信息服务为目的，各部门或与客户之间的信息系统互通与信息共享问题，将通过此共通作业平台的建置得以贯穿畅通；而劳方与客户之间取得企业信息服务也将因单一入口（Portal）整合服务资源、统一用户操作接口，从而更加贴心便利。在登录系统的连接方面，将评估引进相关先进信息通信科技，开发共享服务组件或模块，节省各机关重复开发的成本，同时制定标准规范，使各机关可在一致化的环境中发展各项服务，信息易于流通共享，各机关的信息服务资源可有效管理，协同作业，迅速响应需求，真正实现"一处收件、全程服务"的理想目标，更使国内电子化企业成效到达世界级水平（例如，Google，163）。

（4）网络的集结化可带来弊端也能带来利益，就看企业主如何运行，我们认为中国台湾地区最有名的例子就是最近刚刚挂牌上市，执旅游界牛耳的雄狮集团。他们把全球共 2600 名员工，根据每个人所属的部门或是参与的项目分出近800 个 Line、Whatsapp 与 WeChat 讨论组，借助这样多轨道、全方位的沟通情境来提升所有人的工作效率。这套系统运行一年多来，已经成长到每日处理 5000条信息的规模。这类实时通信软件几乎都没有发起群组的权限设定，因此照理说任何同仁都可以自由设立。但一旦群组混乱，不仅管理不易，更容易造成参与者混淆、不知所措，最后反而损失整体生产力。因此雄狮的这套体系，群组的发起是由上而下的，并且为了有效管理，总共安排了 30 位干部兼职负责设立、更新、追踪以及淘汰不需要的群组。如此一来，要开哪些群组，哪些人应该参与，都有非常清楚的规划，即使执行下去发现效果不如预期的那样，也很容易修正。由于雄狮的不少同仁必须跟团在世界各地奔波，而每一个通信软件因为当地的国情、管制与网络联机状况，都会有不同的表现。如果只规定大家使用一种软件，则会造成某些同仁在特定时间地点无法顺利与团队沟通的状况。因此，在雄狮的这套移动沟通体系里面，他们并没有限制只使用某一个平台，而会因为每个团队与项目的需要，选用最适合的沟通软件。他们未来甚至还规划开发自己的实时通信软件，来满足进一步整合其他企业信息系统的需求。就如中国台湾地区企业电子商务，又分为 b2c、b2b2c、c2c 三种形态。消费族群虽然不同，但是因为逐年成长20%，所以一句话：营销的势力锐不可当。我们团队分析，无论处于哪一类形态或哪一种消费群，当消费群在采购任何商品或者是消费群想做任何的消费或服务时，消费群都能通过网络信息的集体平台而找到想要的答案，再决定要不要买，在这样的生存环境下，是不是很残酷呢？

（5）以中国台湾地区为例，以往常把对方当敌人竞争，中国台湾地区行政主管刘兆玄在出席"空间发展策略规划会议"时表示，中国台湾地区面对世界大环境，竞争力要提升，我们应该发展全球竞争力的空间架构与策略，以中国台湾地区北、中、南核心的都会区域作为竞争发展轴，借以带动区域经济发展，而过去的城市竞争法则已走入历史，世界各国已经开始采取许多区域合作的策略。因此为了不在全球竞争下被边缘化，现在我们应该把力量放大，用整合性的策略迎战全球竞争，必须积极促成区域治理模式，推动区域发展，以强大的区域形式立足世界，与各国同步竞争。区域竞争的核心既是竞争也是整合。如中国台湾地区知名出租车龙头上柜公司"中国台湾地区大车队"，除了扣除每月向加盟司机收取的固定费用外，其余收入来源广泛，包括车体广告、通信费、租车等。例如民众打相关热线时的通信费用，其中有一部分也是"中国台湾地区大车队"的营收。"中国台湾地区大车队"以12000辆车及12000名司机为后盾，并以"出租车周边可发展产品"为主要营收，以往向司机收取的费用占营收比重高达100%，这几年积极开发新产品，包括汽车车体广告、派遣通信、团购等增加其他营收来源，占比已超过50%，长期目标希望将比重提升至90%以上。比如，近期增加的汽车快速保养维修业务获得车队司机好评，规模越做越大。此外，公司也成立大车队旅行社，要朝观光旅游市场发展，未来像快递、租车、异业结盟等新业务都是发展目标，而这也是主要获利来源。董事长林村田强调，"中国台湾地区大车队"的经营模式在亚洲市场受到关注，很多省份派人前来参观，有意引进发展，东南亚、韩国也有不少同业者感兴趣。我们以上述两个案例说明因为环境变迁而造成的区域竞争。

早期中小企业营运管理强调的是营运流程的管理，因为产业的变迁，所以我们从成本与效率的角度出发，发现过去中小企业较少触及创新与价值创造，如今现况是企业经营模式或企业营运模式已经成为企业界常用的名词，强调的是企业获利的模式、创造价值的方法，或维持竞争优势的方式。由于信息与通信技术（ICT）进步快速，对各行业的营运模式都产生重大影响，因此思考将从研发、生产、信息以及营销这四个价值链构面切入，分析近年来企业经营模式的重要转变与演进，我们的观察分析从小商店的没落、劳力加工的外移、传统产业的升级、高科技的突起、产业的流通迈入。

三、社会的变迁

2010年8月，曾经被称为"超级书店"的美国邦诺公司因为社会的变化寻求出售，这个以图书销售为核心业务的连锁书店，经过100多年的发展，从一个名不见经传的家族式企业成长为美国图书零售市场的领军企业。美国邦诺公司的雷吉奥承认："书店模式'四面楚歌'，无论从哪个方面来看都压力重重。"最让邦诺员工捶胸顿足的是，邦诺实际上是最先在电子书方面进行投资的公司之一。20世纪90年代中期电子书萌芽的时候，邦诺就曾经在电子书上有过小额投资。不过，他们这一敢为天下先的念头并没有坚持太久。2003年，邦诺中止了在电子书上的投入，因为当时电子书的定价很高，大概20美元或者再多一点，而且可以选择的品种也不多。2007年，亚马逊推出了电子书阅读器Kindle，此后，邦诺花了两年时间才推出自己的电子书阅读器Nook。现在，Kindle在电子书市场上拥有70%~80%的占有率。国内出版业者指出各国书店环境差距很大，很难从单一事件评论，不过我们认为，因为社会改变，实体书店必然得面对转型，邦诺或许可视为在转型中遇到挑战。我们认为，美国邦诺并非被实体书店拖垮，而是被自己发展的电子阅读器Nook拖垮，该阅读器推出后，销量远不如预期，成本又太惊人，这样才传出危机。中国台湾地区的联经出版社发行人林载爵也公开表示，美国邦诺的实体书店毕竟在过去有成长，究竟为何想出售，他所知有限，不过实体书店受到的通路挤压，其实并非只有网络，以中国台湾地区来说，量贩店的书籍销售额也逐年成长，欧美更连超市都卖书，成为重要通路，实体书店面临的危机，是整个社会生活方式、消费习惯的改变。就社会的变化简单做三点区分：

1. 人口结构变化

人口结构变化对消费内需劳动供给会带来冲击。例如，偏远乡下少子①与高龄化最为严重，经济活动不容易维系，资源效率相对就变差；劳动力人数减少，生产力就会持续弱化；各产业的劳动力高龄化情形普遍，风险相对增加；中国台湾地区退休后平均年龄远高于先进国家或地区，劳动力未能有效发挥，消费需求未获满足；也因为如此，一方面中国台湾地区的内需规模萎缩，入境人数实难弥补以前的缺口；另一方面，每一年出境留学人数逐年减少，影响了中国台湾地区技术接轨与创新的速度。依据中国台湾地区产业新远景各国人口变迁状况，我们不难发现，2050年，在亚洲国家或地区中人数持续上升的状况下，中华人民共和国、日本、韩国反而呈现人口下降的态势。

---

① "少子"或"少子化"，中国台湾地区的说法，是指一个家庭或一对夫妻所生育的孩子尽可能少。

2. 就业结构变化

企业转型是必然，我们就以比较了新马克思主义、后工业主义与全球化理论三派主要的社会转型分析的阶级类型来区分，分析发现：

（1）在过去 25 年间，中国台湾地区的阶级结构发生了相当的转变，自雇者与无薪酬家属劳工者快速减少；专业技术人员扩张，"黑手变老板"与"老板娘"现象则正在消失。

（2）在阶级流动方面，父母的阶级位置对子女阶级继承的影响有限，阶级流动越来越依赖文化资本的代际传递。随着高等教育的扩张，女性劳动力大量进入专业技术位置，男性体力工与自雇者的收入相对下滑，这可能缩减了两性之间的工资差异。早期，中国台湾地区因所得分配不平等主要因为资本主义的阶级分化，但非技术人员与技术人员的差异也在扩张，资本与技术拥有者的利益提升，可能是贫富差距恶化的主要因素，也因此，全球化人才迁徙、高龄工作者增加、女性受雇人数成长，长期下来就业结构就相应发生变化。

3. 高水平时代

在未来的下一世代面对"环境七大变迁：全球化越来越剧烈、粮食能源危机、家庭功能变迁、知识密集、经济挂帅、云端工作室蓬勃发展、人工智能日趋成熟"。而"职场六大趋势是：全球化人才迁徙、高龄工作者增加、女性受雇人数成长、青年失业潮、波段型就业、强调软实力"。我们认为，高水平的时代创新整合应该在：急需氢能、纳米能源、核融合等未来能源，纳米科技、生物科技、信息科技、神经医学、远程传送、人工智能、网络生命体、净化科技、长寿医学、云端科技、数据采矿、人力资源专家以及两岸事务及国际关系人才等方面。

四、经营环境分析

（一）经营的主要冲击

日本著名管理学家、经济评论家大前研一曾说过"用创新来破坏"。简言之，创新的开始就是模仿，面临追随者的冲击，环境下的产业供应链在经营之下相继改变与被粉碎。在 2008 年的金融风暴冲击下，全球经济受到了景气衰退以及失业率居高不下的影响，山寨产品的低价策略正好弥补这一空间。我们以山寨机分析外在环境下的时代。

1. 微利润时代

企业主最不想面对的微利时代是目前的一种流行提法。所谓微利，是比较而言，其相对的是暴利。微利时代表现了人们对于商业环境中利润率的定性判断。当前我国国情表明，从暴利时代走进微利时代已是大势所趋。降低成本、保证质量、开发新品是微利时代赢得市场的唯一出路，也是企业从目前国内市场"一窝蜂"降价大战中脱颖而出的最好时机。

2. 不连续时代

管理大师彼得·杜拉克（Peter F. Drucker）以其独特且全面的客观论点，在真实预言不连续的时代（The Age of Discontinuity：Guidelines to Our Changing Society）清楚地分析"社会"的未来趋势。在未来，每隔几年就会有一个以新科技为主的重要产业出现。经济正在面临巨变，世界已成为"一个市场"，一个全球购物中心。现代政府正迅速地醒悟，年轻人正用同样的敌意排斥所有机构，这不是绝境，而是机会，是中小企业的机会！知识已成为重要的核心资本（Central Capital），也是经济的关键资源。

3. 饱和超竞争时代

问问身边的朋友，他有几张保单？问问身边的朋友，正在使用的手提电话有几台？走在一条街可能每不到一公里你会看到一家大型卖场，网络搜寻某商品，会有成百上千家店商在卖同一个商品，而这样的问题我们可以举 N 多个例子来证明，在大环境下我们正处于饱和超竞争时代。菲利普·科特勒（Philip Kotler）——现代营销学之父——说过"五年内，如果你还在按照一样的方式做着一样的生意，那你就快要关门大吉了。"当大市场不断被瓜分成无数小市场后，要找到有利可图的细分市场将变得异常困难，当市场无法继续细分时，我们拿什么来拯救自己的营销？分析发现，传统的纵向营销实现的收益也会比较可观，但实际上显示的则是企业创新能力的下降，因为企业营销行为的变化并没有涉及营销的本质，只是同一体系内的微调。这种细分的作用只是将原有的市场进行了深入挖掘，将一些潜在消费者转化为现实消费者，并没有拓展出全新的市场空间。科特勒说明水平营销工具将赋予全新营销灵感，而在饱和竞争时代下企业得有向上提升的战略。

4. 转型时代

转型时代，创新升级才是企业永续生存之道。越来越多的中小微型企业正在用实际行动，探索着新时代背景下的转型升级之路。我们也称之为战略转型或企业变革，也因此建议企业在为建立品牌前或建立品牌的同时将企业战略转型变为常态，直到新的核心价值出现才可减缓速度。战略转型是维持企业生存、持续成长的常态过程，诚如 GE 执行长 Jack Welch 认为，改变是为了创造一个可以适应环境的公司，改变是一种常态，现今的产业内外环境变化快速，已经不是企业面临生存而不得不所采取的措施。战略转型关键活动并不具有顺序性，必须视战略转型的"起始点"、"急迫性"、"类型与目的"与"领导者风格"的不同，去改变关键活动组合顺序，甚至执行的程度。战略转型领导人是转型成功率的关键：不同变革启动点，所需要的战略转型领导人特质有所不同，清楚认知自己所处转型位置或环境，选择正确适合的战略转型领导人，才能有效成功转型。

（二）管理的主要冲击

产业环境的变迁对中小微型企业管理上的冲击，我们以中国台湾地区为例，法规面对产业的冲击及造成后面中小微型企业必须因为环境改变所做的策略改变；2012 年 10 月，中国台湾地区开始施行个人资料保护的相关文件，其影响作业层面极为广泛，对于企业可能造成的风险亦显著加增，不管是企业的客户资料，还是企业的员工资料，在搜集、处理及利用方面，均必须符合规定，否则，极有可能承担相应的行政责任、民事责任，甚至刑事责任。企业已经不能以过往心态看待"个资法"，而必须预警。就企业类法规的准备而言，业务的经营如果涉及比重甚高的个人资料（诸如金融业、保险业、医疗业、网络业、营销业、中介业、零售买卖业、专业服务业、征信业非营利事业组织之公教机关等），则其风险较大，且需准备的时间亦较长，应有必要尽早因应，以免无法实时及稳健导入个资的作业。面对大环境下的政策，管理的冲击甚巨，因此，我们认为，主要冲击如下：

1. 快速化时代

日本知名网络评论家佐佐木俊尚在其《Curation 时代》一书中曾提及，Curation 指的是：在快速增加的情报洪流中，基于自己的价值观与世界观收集对自身有益的情报，然后赋予新的意义和解释，之后与许多人共享。在信息爆炸的时代洪流中，找到适合自己的情报愈加困难，通过"Curation"的构造，更容易"遇到"适合自己的信息。而不只是自身主动寻找的信息，对于被动式"相遇"的未预期信息所产生的价值与感动，亦是"Curation"所能达成的价值。"Curation"时代的来临，可能带来人类对应对信息情报洪流的好办法，之后的发展值得我们持续关注。

2. 超满意时代

顾客满意度愈高，产品销售愈好？在《体验经济时代》（*The Experience Economy*）一书中，作者派恩（Joseph Pine Ⅱ）和基尔摩（James H. Gilmore）提到，有关顾客满意度的界定，主要是基于顾客最近一次购买产品或服务的经验，对满意度高低的评估，则是取决于顾客先前对于整体质量的期待，相较于实际所获得的体验，用公式来说明，就是顾客满意值＝顾客期望值－顾客体验值。如果顾客最近一次消费的体验超过了先前的期望，顾客满意度便会攀升。不过，若是顾客原本的期望就偏低，或是在过程中得到了其他的价值（如价格很低），那么即使只是受到中等的服务质量，顾客满意度还是有可能会偏高。一般看法认为，满意度高的顾客，将会对公司保持忠诚，从而为企业创造利润，三者之间维持着良性循环的微妙关系。然而，满意度只牵涉到一次购买经验或销售过程的结果，忠诚度则涉及了顾客会再度消费的比率。而且，这种再度光临的意愿，甚至有可能在即便遭遇到不好的经验或差劲的服务之后，依旧不会更改。换言之，满意度与忠诚度并未存在必然的关系，满意度高的顾客不见得是忠诚顾客，因而其再次购物的意愿及频率便无从断定。满意度只是顾客忠诚与否的因素之一，而忠诚度高的顾客，则会继续向企业厂商购买产品或服务。

谈到忠诚度的维系，许多文章、书籍的建议大同小异，包括定期与顾客沟通联系、提供完善的服务（最好能超出顾客预期）、加强训练员工与顾客之间的互动模式、提供顾客再次购物的诱因、牢记顾客的独特需求、观察顾客最常购买哪些产品以调整库存、不找借口努力帮顾客解决问题、信守承诺（如准时送货、如期交差）等等。然而，当所有企业都强调顾客第一，以顾客需求为出发点，服务流程也趋于标准化时，如何才能争取到顾客，进而留住顾客？产品差异化显然已不足以应对，如吉列（Gillette）投资近 10 亿美元花了 7 年研发出三刀片的锋速三（Mach 3）刮胡刀，英国零售商 Asda 只花了两个月就学来了。调降售价则非但不保证吸引更多顾客，说不定还会危及获利，如环球音乐集团（Universal Music Group）企图以调降 CD 售价来提高销量，结果得不偿失。顾客满意度调查的方法，通常都是从企业的立场出发，询问"您为我们的产品及服务打几分"的问题，却不是询问顾客"真正需要的是什么"。《体验经济时代》一书指出，顾客之所以购买，不再仅仅是因为商品的功能，而是出于在购买和使用过程中所得到的美好体验。我们认为美好体验的营造，除了满足顾客对于产品的预期之外，还必须设法发掘顾客真正期望得到的东西，最后再让顾客得到超乎他们预期的惊喜，甚至开始期待每次都会有不同的惊喜，做到了这些，便可以促使顾客出于新的、不同的理由，持续购买公司的产品和服务。

3. 信息自动时代

顺应全球网络 4G 化，从融合的角度看，"4G"意味着更多的参与方，更多技术、行业、应用的融合，不再局限于电信行业，还可以应用于金融、医疗、教育、交通等行业；通信终端能做更多的事情，例如语音通信之外的多媒体通信、远程控制等；或许局域网、互联网、电信网、广播网、卫星网等能够融为一体组成一个通播网，无论使用什么终端，都可以享受高质量的信息服务，向宽带无线化和无线宽带化演进，使"4G"渗透到生活的方方面面。应用至衣、食、住、行、乐、生老病死等范畴，将生活与产业紧密结合，规划产业自动化区、商业自动化区、智慧生活与健康休闲区、亲子教育与竞赛区四大主题，新科技新应用论坛将展现智慧制 造与智能服务的精华。有很多电影情节中看到的科幻产品，也许在不久的将来一一出现在我们的生活中。

（三）员工文化变化

近年"少子化"对中国台湾地区教育市场的影响广受众人讨论，借助过去营利事业危机预警研究经验，"少子化"风气的形成，背后必然隐含了复杂的社会现象，深究起来，包括不婚、晚婚、晚育、不育、少生、不生等因素。但这都只是一些外在的表征，真正导致"少子化"的原因，还是年轻人对于抚育下一代的意愿降低。本来人类生儿育女是再自然不过的事了，随着科技文明的进步，人类可以控制生育以后，听天由命的时代已经过去，人类开始掌握自己的命运，设法努力寻求更美好的生活。由于现在年轻人组成小家庭后，不论在经济与精力各方面，都不足以照顾两个小孩，所以为了维持生活质量，自然会选择不生或少生。

但是，当一个社会的生育率低于人口替代水平时，未来人口将越来越少，中国台湾地区正面临这一现象，我们是否准备好了，要下一代为人口"失衡"付出代价？一方面高等教育的普及化使大学毕业人数逐渐增加，因为高学历者的心态以及受到近年经济不景气的影响，有不少人求职困难、四处碰壁，也不愿参加高劳动强度低薪资的工作，造成心理受挫或不平衡；另一方面也是因为现代部分被称为"草莓族"的青年吃不了苦，不愿去从事太辛劳的工作，还常常不切合当下社会现实，反复诉诸类似于工作报酬均等的渺茫意愿，并要求自己也能像有门路且受过高层次培训的官商子弟一样工作轻松挣钱又多，常以参加各项考试为拖延借口，在亲友面前假装为全职考生，没工作也没升学进修，呈现空等状态对于家庭生活的依赖和对于社会生活的不习惯，也是一个重要的原因。

1. 好逸恶劳

中国台湾地区劳动部门表示，有六成青年在第一次找工作就遭遇困难，因此推出职涯发展、就业市场分析等课程，让青年在职场名人带领下，突破就业"瓶颈"。学者分析此现象与现今"少子化"有密不可分的关系，且经过调查显示，家庭与教育投入占就业前重要的角色，而"尼特族"亦可以说是"自愿性失业"的一种，中国社会上流传这样一段对"尼特族"的形容："一直无业，二老啃光，三餐饱食，四肢无力，五官端正，六亲不认，七分任性，八方逍遥，九（久）坐不动，十分无用。"

2. 养尊处优

"富二代"是指20世纪80年代以后出生、继承巨额家产的富家子女。"富二代"有知识成功型、艰苦奋斗型，这两类在"富二代"中是主体，另外，也有纨绔子弟败家型，也有一小部分最后较为平庸。还有另一种说法称为"接班人"，全中国台湾地区"富二代"教育市场庞大，各类培训机构施展不同招数招揽学生。除培养未来的CEO外，他们还开设了不少另类课程，如高雅音乐欣赏、萨克斯的入门学习、绅士淑女聚会等。对于"富二代"的竞争力，浙江大学家族企业研究所所长陈凌给予了积极的评价："企业家家族容易出现更多的企业家，家庭内部积极创业的氛围、教育甚至遗传基因都会起到作用，随着财富的传承，我们不能够忽略的是管理经验也同时得到了传承。"陈凌介绍，只要企业的生存环境适宜，竞争有序，"富二代"就完全有可能全面超越父辈。

3. 专业证书

我们分析工作年限在三年以上人才的工作内容与其相关毕业专业有85%是无关的，由此可见提升专业能力皆落在企业本身与员工自己身上，企业面临商业竞争日益激烈，永续经营的条件日益困难的情况下，如何让"人才"变成"人财"是公司经营的重要课题，企业内训已是世界500强企业普遍采用的一种培训方案，不仅能强化组织人才的素质，更是组织转型与变革前的重要工作，目前此趋势已蔓延至中小企业，企业或人才通过专业的培训中心就产品、销售、人资、研发、财务取得专业证书。

4. 语言信息水平

就业市场的因素或许已不仅止于教育程度，人力资本，信息技能和信息证书等新的人力资本应是另一可能的重要因素。拥有信息证书，能让个人有更多的谋职机会；而拥有越多的信息证书并不能保证获得更高的现职收入，但可望能有较好的职位。为与国际接轨，企业鼓励甚至要求人才拥有第二语言，因此培养第二语言或拥有其他第二操作系统技能也成趋势。

（四）人力需求变化

过去美国钢铁大王 Andrew Carnegie 曾说过一段名言："带走我的员工，把工厂留下，不久后工厂的地板就会长满杂草；拿走我的工厂，把我的员工留下，不久后我们会有个更好的工厂。"这段话道出了人力资源（Human-Resources）是决定企业能否成功地永续经营的关键。技术、生产型人才不再能满足企业，在大环境下我们将人才分为以下三种：

1. 海内外经营管控人才

企业集团化运作具有跨地区、跨行业、业务经营多元化等特点，企业必须充分摸清企业集团管控模式及目标，这样才能更加切合实际地开展信息化工作。而且，集团企业跨国运营受国际环境以及投资区域的政治、法律、文化环境影响，管理链条长，管控风险大，在管控过程中必须充分考虑国际化因素。无论是多国模式、全球模式、跨国模式、国际模式，集团企业成功进入海外市场后，首先要解决的是生存问题，其中至为重要的是资金、财务、人力资源和经营管理。只有生存下来才能谈发展，随后才是企业文化与品牌建设方面的投入。跨国集团企业要想在瞬息万变的海外市场环境中生存发展，通常离不开信息化建设对企业、运营流程的优化和全局资源整合。不同管控模式的跨国企业在集团化运作、进入海外市场、跨国经营、跨国计划管控四个阶段需求各不相同。我们建议根据企业自身战略目标和营运策略进行合理规划，才能让信息化更好地提升企业运营管理能力，降低跨国管理成本，而助力企业能决胜海外。

2. 研发创新人才

中国台湾地区领导就达到先进国家研发投入水平，促成中国台湾地区与全球创新研发资源接轨，提升中国台湾地区在跨国企业全球布局策略地位，使中国台湾地区成为特殊领域在亚洲最好的创新研发基地。延揽海外华人高科技人才返台任职、创业；鼓励返台投资与引进创新技术及岛内合作生产，提升科技水平，协助中国台湾地区成为国际创新研发基地。创新在当今各国竞争中，俨然成为关键因素，创新所扮演的不只是国家竞争力表现，更是驱动经济成长的主要动力之一。中国台湾地区近年技术创新多用于制造业，因此当一国制造业越兴盛，则以研发改善制程的机会越高。制造业及服务业之研发经费占企业总研发经费比例显示，研发经费自 1998~2012 年在服务业有逐年上升的趋势，但仍远低于制造业投入研发所占比例。无论如何已说明企业的研发经费与研发团队已成为不可或缺的重要角色之一。

3. 营销通路人才

什么是通路？商业事实上即为流通业。流通是指将产品从制造者（生产者）手里转移至使用者（消费者）手里的过程；而参与这个交易过程的所有厂商，即构成所谓的"通路"（Channel），亦称之为"营销通路"或"配销通路"。企业在各大新品上市的时候，总是花大笔预算在电视广告上，但不要忘了，"通路"才是商品最后的战场，唯有掌握消费者最后的接触点，才能克敌制胜，顺利扩张市场版图！"通路"可分为零售商与批发商而零售又分为有店铺零售与无店铺零售。有店铺零售如传统商店量贩店、购物中心、便利商店、连锁商店、超级市场、百货公司。无店铺零售如电视购物、网上商店、自动贩卖机、电话购物。而专业的通路营销人才，总会做商圈评估与开店策略拟定，并协助企业主做市场分析、掌握消费群、通路的陈设、促销活动等，能不能吸引消费者，"通路营销"是制胜关键。

案例1-5 让"一百种味道"融入每一个人的生活，实现"be good to yourself"

主要产品：甜点

过去曾在设计公司担任经理的创办人赖卉凌，特别偏好欧美或日本的独立咖啡馆，喝咖啡的同时也观察其特色，这些咖啡馆皆创立自有品牌，借助品牌来呈现理念或贩卖自己认同的产品，这也影响到她之后创业的方向。赖卉凌喜欢与人分享，为了降低风险，决定以网络开启创业的第一步，于是在脸书（Facebook）上成立粉丝专页。除了分享自己的家居与饮食生活外，也正式踏入甜点的领域，为了督促自己不断进步而设立了目标："在三个月里完成一百种甜点的制作！"这就是店名"一百种味道"的由来。

"虽然这只是小小的梦想，创业道路也不是那么简单，但唯有告诉自己永不放弃，才能勇往直前。"设计甜点期间，赖卉凌仍在设计公司中任职，常利用下班后的时间钻研甜点，即使没有相关的烘焙经验，她却靠着自学完成了一百种甜点的制作方法，每到夜深人静时才完成一天的工作，尽管压缩了自己的睡眠时间，却让她的目标愈来愈清晰。因为常在粉丝专页上分享甜点制作，也开始吸引网友来信表达订购的意愿。于是她选择了有质感的设计网 Pinkoi 作为网络贩卖的平台，借助口碑累积及每日与网友的互动，网络人气持续增加，这时赖卉凌离开了设计公司，回到新竹。

回到熟悉的地方，赖卉凌在家里持续开发新产品及贩卖手工甜点，在这段时间配合当令食材开始推出季节性的甜点。在经过半年的网络销售后，"一百种味道"的知名度及网络订单逐渐增加，有了网络订单的稳定收入及原先的自有存款，赖卉凌在偶然的机会租下了目前的店面，开始全新的挑战！赖卉凌喜欢在脸书粉丝团上分享挖到的好物，通过照片及简单的文字分享，充满怀旧感的二手木头家具成为店里的明星，也让粉丝仿佛一起参与了店面筹备的过程，有了这份参与感，网友们皆期待着"一百种味道"开张的时刻，于是赖卉凌在正式开张前举办了试营运的活动，每天提供限量的"交个朋友下午茶套餐"，有酸酸甜甜的双莓奶酪塔及热乎乎的锡兰红茶，让网友们能提前一饱口福。

在创业初期，赖卉凌曾申请顾问辅导，通过现场咨询，顾问给予实质的建议并推荐潜在消费者实践，也让她在合作的过程中，慢慢尝试并研发新品。赖卉凌说,"除了善用创业资源外,我仍时时保持强烈的求知欲,唯有用 100 分的热情,才能延续自己的梦想!"

未来,"一百种味道"仍会通过网络的口碑营销来维持网络订单数量及维持品牌能见度,并期许店面贩卖及网络订单能维持在 8:2 的黄金比例,让"一百种味道"融入每一个人的生活,实现"be good to yourself""用对自己好的产品吃对的食物"的创业理念。

五、环境变化形成的特色

1. 企业订单特色

超便捷 、极快速、质量超高。

订单履行周期(Order Fulfillment Cycle)始于企业收到顾客的订单,执行递交商品给顾客,止于顾客支付商品采购的款项。事实上,订单履行代表了企业与顾客的需求、供应与付款三大流程结合的完整周期。随着经济活动及生活形态转变,各主要国家服务业产值在其经济中的比重持续上升,并逐渐取得主要地位,此发展趋势在中国台湾地区也不例外。2012 年中国台湾地区服务业名目 GDP 达 9.6 兆台币,占整个地区 GDP 比重达 68.5%,占总就业人数 58.8%,为中国台湾地区经济成长与就业创造的主要来源。服务业虽具创意、人才及质量优势,唯受限于市场规模成长能量,因此,推动服务业国际化,协助业者开拓国际市场,进而带动服务输出,成为强化服务业发展动能的重要策略。而其中,电子商务具有低成本、快速交易、应用网络无国界的特性,加以全球约 14 亿华人中与中国台湾地区有着同文同种的广大市场,使其更具国际化发展潜力与优势。

2. 经营族群特色

中国社会的家族主义对中国台湾地区民营企业的影响力很大。

"家族企业"是中国台湾地区企业最重要也是最普遍的组织形式,如果忽略对家族企业的探讨,几乎无法掌握中国台湾地区企业的真实情况。事实上,企业透明度的高低正是反映公司治理机制优良与否的指标之一,因此,亚洲金融危机乃起因于公司治理不善。许多学者专家都持有相同的看法，如果亚洲国家的企业，不能在公司治理上做根本的改革，任何其他管理技能的提升与技术的发展，都不足以让亚洲企业在国际舞台上立足。唯有良好的公司治理，企业才有可能在国际资本市场取得资金，进而维持公司长期竞争力。而若从上述的角度来看，公司治理毫无疑问将是决定未来中国台湾地区企业成败的关键因素。于是，当企业主创业而成为老板、头家，这固然是公司或工厂的事，但也是企业主自己家庭的事。同样的道理，公司的财富在形式上虽然可以与家庭的财富区分，在实质上却被视为一体。由上述可知，虽然家族与企业并不是完全相等，但是一般来说，大家还是视其为一体。虽然考察国内专家学者对家族企业的说法各有范围，各有定义，但大致上相去不远。越来越多的跨国公司采用全球性组织来代替国际业务部。全球性组织结构从公司的整体利益出发，克服了国际业务部将国内和国外业务隔离的弊端，并大大加强了总部的集中决策的作用，它适应了跨国公司一体化战略的发展需要。全球性组织结构意味着跨国公司要建立更加复杂化的内部结构，跨国公司可以分别按职能、产品、地区设立总部，也可以将职能、产品、地区三者作为不同的维度建立矩阵结构。在矩阵结构基础上，跨国公司通过与外界的非股权安排结成战略联盟，建立网络结构。我们简单整理因环境变化形成的经营族群特色将其分为：同业垂直平行分工整合、信息网络的迅速运用、活化平台资源、股东与经营权力的分离。

3. 管理族群特色

企业内部环境需配合企业内部组织的运作。

我们仅就内部的职能活动，内部组织、文化、资源，内部环境分析技巧三个层面进行分析，以下涉及企业内部组织和管理功能：

- 科技与自动抗衡
- 产业平衡
- 区域平衡
- 授权平衡

4. 工作族群特色

管理族群特色为形成公司治理文化的根本，对企业内部激励创新创业有着根本的影响。组织对于应付失衡与障碍的剔除应有相应战略方能避免创新创业战略流于口号。

● "一个萝卜一个坑"的消除
● 多职多能

六、衡量指标

首先，我们以瑞士洛桑管理学院国家竞争力指标定位，浅谈祖国海峡两岸中小微型企业目前所面临的生存环境：

自从 1989 年瑞士洛桑管理学院（Institute for Management Development，IMD）与世界经济论坛（World Economic Forum，WEF）首度评估并公布世界竞争力排名指标以来，"国家竞争力"已成为国内外各界关注的焦点话题，中国台湾地区领导甚至将此指标作为强化施政绩效管理的一项标准。中国国家经济实力已跻身世界强国行列，是促使中国大陆竞争力上升的最重要因素，就是近年来中国大陆经济的持续高速增长，充满活力，对外贸易也不断扩大。然而我们认为，祖国海峡两岸中小微型企业生存环境跟着中国大环境变迁有重要的关系，虽说中国已跻身经济大国，然而人力及生活素质尚且停留在劳力密集及低技术性产业，科技实力与欧美相较只能说多数产业民生科技产品制造跟上世界水平，然而高端技术尚落后很多年，在金融活化实力上更需要加快脚步，环境尚有相当需多要调整的地方，以上对中小微型企业而言，称不上友善的环境，但现在领导正在大力反腐，反腐让环境清明，企业无须担心非理性因素的干扰，专心致力于企业内部竞争力的提升即可，这样可形成正循环，只是中间的配套措施相当重要，如何真正落实奖励中小微型企业，让中小微型企业活跃起来，带动了产业链接，自然能解决结构失衡问题，比如银行不愿放款给中小微型企业的问题，中国台湾地区领导的做法是致力于协助中小微型企业正向发展，让企业本身被银行信任，自然解决资金融资问题。

其次，中国台湾地区为辅导中小微型企业转型升级所做的努力也有目共睹，我们收集中国台湾地区训练质量系统数据，此为领导单位未落实中小微型企业人员训练不足所做的奖励系统，受惠的厂商很多，亦能根本解决中小微型企业几乎不做员工培训的根本问题，通过此系统，中小微型企业主能提升自我专业素养，强化企业竞争力，通过各方面的努力，让中小微型企业站起来，这样才能激励创业的动能，企业也才有创新创业的意愿，这是改善中小微型企业生存环境是第一要务。

再就瑞士洛桑管理学院竞争力四大主轴分析：

● 吸引力与企图心

● 邻近与全球化

● 资产与过程：国家资源、土地、人才、天然、产业力量

● 个人承担风险与社会团结力

案例1-6 舒适、轻便的一张床改变生活世界

主要产品：折叠床

创办人陈姵君自幼成长于经营五金家具的家庭，因此大学毕业后即决定从事与家具相关的行业，但她并没有选择直接继承父业，而是勇敢地另辟战场。"创业若未经自己亲力亲为去开发商品、研拟策略，又如何能够真正创造出属于自己的一方天地呢？"在确立方向并深思熟虑后，陈姵君决定从较容易上手的网络开始经营，创立了自己的十方汇品牌。

陈姵君创业后的第一个目标，是以有限的资金去完成梦想。在现实生活中，网络世界的信息量大且瞬息万变，摸索了1个多月后，陈姵君了解到网络上的家具商城多如牛毛，且对手不仅有网络上的家具卖家，更有大型品牌直营店，如何在为数众多的家具厂商中脱颖而出，则成为她创业后所面临的第一个难题。

在确立经营策略后，陈姵君开始思考如何能够稳定进入网络销售市场。"家具是大宗物品，运送路途遥远，在送达客户手中之前，还须经过很多无法预料与控制的环节，因此大幅增加了收件的不确定性。在过去传统的物流框架里，顾客在网络购买家具后，业者通常无法提供立即的配送服务，导致客诉率居高不下。"陈姵君认为，既然家具已被定位为家庭用品的一部分，因此在配送过程中就应再提高效率。依此原则，顾客选购十方汇的商品后，基本上只需1~2天，商品即可送达顾客手中，而这正是提升顾客对十方汇品牌信任的关键。

当时陈姵君抱着推广的想法来经营折叠床，并以"多一张床多一间房"为商品定位与品牌扩散的口号，"就像许多家庭拥有汽车，但摩托车的便利性却

是汽车无法取代的，所以折叠床就是以模拟摩托车的概念，试图切入大众的家庭生活。"除了以贴近生活的品牌口号来打动消费者，在销售过程中，陈姵君也坚持亲自与顾客联系，借此让自己更加清楚了解消费者使用产品的方式、习惯及服务对象的范围，如此一来也可以将消费者最直接的回馈反映给工厂，利于后续商品的开发及质量提升，让产品的推广更为顺利。

陈姵君说："创业的过程中我们算是比较幸运的，尽管面临过一些小挫折，但也在冷门的市场中找到自己的机会。"

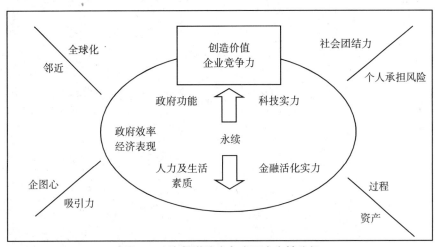

图 1-1　洛桑学院竞争力四大主轴分析

我们认为现阶段提升竞争力的关键还是需要先将中小微型企业扶植起来，创业创新都需要不断鼓励与支持。国家科技竞争力衡量要项有：

● 研发经费投入指标
● 研发人员投入指标
● 技术引进投入指标
● 科学教育投入指标
● 技术输出产出指标
● 技术革新产出指标
● 专利产出指标

以此要项指标进行投入，让创业创新热情燃烧起来，就能用最小的投入成本产生聚沙成塔的效益，也能活跃经济，提高就业人口等正能量，是故强化改善生存环境，专注让中小微型企业活跃起来，借鉴中国台湾地区奖励中小微型企业的经验将能让中国政府面对中小微型企业转型升级提供最佳的战略参考，直接改善中小微型企业面临的生存环境。

第二章　创新创业 RESET，从现在开创未来

近年来，中小小微型企业发展蓬勃，百花齐放，多到不可胜数。纵使景气低迷，全世界的经济充满着萧条感，但大家仍对于投入创业蜂拥而上，到底有何驱动力使得人们前赴后继投身创业大潮呢？我们总结大家的创业热情主要有四大理由：

理由（1）：每个人皆有当老板的欲望，想脱离刻板的薪水阶级，开创属于自己的企业。

理由（2）：怀有理念与专业知识，想完成自己一生的梦想，拥有属于自己的企业。

理由（3）：数年后即将退休的银发族，希望开拓人生另一个战场，迈向人生另一个高峰。

理由（4）：子女已长成的家庭主妇，重回社会，又想兼顾家庭，而不愿朝九晚五，做上班族。

据我们调查，在这四大动力来源中，以理由（1）与理由（2）为绝大多数，分别占 46% 及 37.5%。

一、谁是真正的创业人？

不是每个拥有创业梦想的人都适合当老板，也不是每个有老板潜力的创业者，都能轻易成功开创属于自己的事业。

你是真正的创业者吗？请完成以下测试：

表 2-1 创业素质测试

序号	问题	符合填 Y，不符合填 N
1	很有责任感，说到做到	
2	可以承受失败的风险	
3	与人为善、乐于助人	
4	有毅力、坚持到底	
5	善于控制重点与进度	
6	能够接受别人的意见	
7	是一个乐观的人	
8	热爱工作	
9	喜欢工作有弹性与创意	
10	有目标导向并全力以赴	
11	有创业资金	
12	有亲朋好友给予支持	
13	所选行业是流行产业和新兴产业	

如果很多的答案是"Y"，那您的创业之路可能相对会走得比较顺。因为您具备创业者所需要的必备个性特征。

下表是我们从中国台湾地区约 100 个微创业的个案分析，你是否也从中发现了什么趋势？看到了什么？不管你有没有足够的资金，只要有心，就能做老板！

表 2-2 中国台湾地区微创业个案分析统计表

创业类型	行业参考	所占比例
1. 创业生财型	空间设计公司、服饰店、花艺店、银饰店	10%~18%
2. 由自我兴趣转成工作型	自创型，如：手作餐厅、水族设计、汽车改装、自行车改装	12%~16%
3. 艰辛却可挑战大收入行业	加盟小吃或服务餐饮店	16%~20%
4. 边旅行边工作型	行动咖啡、行动写真、网络写手作家	5%~8%
5. 文创型	气球业、个人影音录制、舞蹈工作、陶艺工作室	8%~10%
6. IT 型	动画工作室、网咖娱乐店、自助洗衣店	15%~18%
7. 有钱乐活质量型	民宿、精品名品二手店	4%~6%
8. 知识型创业	农业科技	2%~4%

（一）100 行创业家老板侧写

综观微型创业个案，我们观察到"80 后"、"90 后"正处于萌芽期，凭的是一股冲劲与创意。在这波创业浪潮里，将打拼精神发挥得淋漓尽致，追求做自己的老板（Boss）！以下是我们的一些研究发现：

1. 创业年龄层有下降的趋势

过去小额创业总是给人"只是用来谋生"的印象，创业者逐渐年轻化所透露出的意涵是否代表着"80 后"或"90 后"勇于追求梦想、冒险大胆？不少创业者都说出同样的心情，就是想趁年轻的时候拼一拼。也只有在年轻的时候，才有承受失败的本钱与能力。问起他们为何想自己当老板，总是直爽地回答："就是想赚钱啊！"是的，就是这样简简单单的 6 个字，几乎道尽所有创业者的最终目标。

2. 业务员易转行做老板

研究发现，不少老板前身都是业务员或高阶主管，后来才转换职业生涯自己开业，如：中国台湾地区的"全球快递"巫老板，"行动咖啡馆"陈老板、"厚生市集"张老板。出来自己做老板的主要原因都是因为做业务员不稳定，业绩压力大。如果你和他们谈过话，就会发现他们有一些共通的特质，首先，他们对于未来不见得有明确的规划，但脑子就是从不间断地在思考如何赚更多的钱，他们都说未来有无限的可能性！其次，他们做的都与本业有点关系，都是需要与人沟通、为人服务的行业。所以，在面对客户时，他们总是表现得泰然自若，而且总是一张挂着微笑的脸。

3. 亲密伙伴一同创业

亲密伙伴一同创业，是多个帮手减少开支，还是少了一份稳定收入？"海伦行动咖啡车"吴国凤，"橘泉小铺"陈世贤、秦青菁，"CSK 自由车专卖店"张胜凯等人，都是亲密伙伴、一同创业。除此之外，像是女朋友、家人偶尔来帮忙的也不少。不少老板认为，创业过程中有家人的支持、陪伴，是让他们坚持走下去的动力。因此，当大家都在讨论创业资金、地点、营收等问题时，也不要忽略了家人的支持也是创业成功的一大因素。

4. 创业原因以自我梦想为最多

在此次分析小微创新创业采访对象中，大部分老板做的都是自己感兴趣的行业。因为，有梦想、目标的创业者，都会表示说：主要还是要对这行业有兴趣啦！因为，他们知道如果不是怀抱着对梦想的憧憬，那么可能难有今天的成绩。

您的问题，我的建议：

关注问题（1）：小额经营如何管理人事成本？

生意忙得不可开交之际，绝对不能节省人事方面的成本！人手不足，反而是造成经营短缺的原因之一。以早午餐厅为例，在人手不足的情况下可能会让客人等候太久，这时候会影响生意又造成坏印象。因此在人力配置上，如果要节省人事成本，同时顾及忙碌的生意，最好的方式就是在营业巅峰时段雇小时工。此外，"ButyShop"是每天由两位正职人员早晚轮班，老板晚上回店整理当日营业额。比如，鸡排店铺的老板娘让小时工来照料外带果汁饮料店与鸡排摊。

关注问题（2）："合伙"是友谊的"润滑剂"？还是反目成仇的"导火线"？

100大创业个案中，有不少的案例是合资创业的，而合资者的关系究竟会日趋佳境还是闹翻拆伙，全凭出资双方的信任度与宽容度。有合资经验的老板们一再强调，在创业的过程中一定会遇到一些意想不到的状况，任何一个小问题都有可能因为双方观念不同僵持不下，而造成彼此心存芥蒂，甚至严重到拆伙。每位创业者对于处理这样的问题有着不同的看法，但都表示一定会当面谈清楚、讲开来，而非让问题搁浅。即使是再好的朋友、再亲的家人，面临经营的问题时，也都是历经一番沟通，才慢慢寻得事业上的共识。工作分配上，是要彼此轮流做不同的管理，还是要依各自专长分配工作，都考验着创业者的管理智慧。

（二）促销物料准备

新店开业除了免费试吃、开业期间一律9折、买五送一等花招，还能利用哪些方式来增加客源与知名度呢？开业宣传Top 5促销单品，不仅仅有助于提升注意力，还将市场价格大公开，对于你怎么用？怎么省？刚开始创业的人们，可得好好评估一番！

1. Top1——名片

很多消费者喜欢索取名片以备不时之需，特别是有外送服务的店家更是需要名片，可以在名片上面打印商品项目与外送电话。此外，目前已经不是那么流行$9cm \times 5.5cm$一般正常规格大小的名片了，特殊大小或是有造型的名片，更是让有收集名片爱好的消费者爱不释手。偷偷告诉创业的老板们，你将名片裁得越小，越能引人注目而且也越省钱喔！如 1 盒 9cm×5cm 规格 1 张，你改 4.5cm×2.5cm 规格的名片，名片数就多一倍，价格不变喔！

2. Top2——面纸

面纸是宣传的最佳工具！不但可以抽，而且每抽一次便会对面纸的宣传文字增加一次印象，因此，面纸是开业赠品的最佳选择。

3. Top3——气球

在店前发送一大把又一大把的"气球"，很容易吸引众人目光，让路人、车辆发现有新店开幕，这样的宣传方式蛮有效果，但较少人会注意到气球上印刷的文案。

4. Top4——扇子

制作"扇子"的成本是 5 个 Top 促销单品中最昂贵的，但是在夏天的时候，是非常实用的促销单品。不只拿的客人会看到，连他身旁的路人也会因扇子的动作而注意一下！

5. Top5——单面宣传单

以中国台湾地区为例，宣传单多为 A4100 磅双铜纸单面印刷的价钱，但是我们发现目前发送宣传单的效果越来越差，消费者时常连看都不看，拿了就丢。此外，如果还要请小时工挨家挨户发送，虽可能效果会比较好，但又是一笔花费。

（三）开业委外

如何善用开业委外也是创业中一门不小的智慧！我们认为三种委外最为重要："开业委外"——花店。

但凡新店开业、新公司落成等，都不可避免地要在门口处码放花卉，一方面是告诉左邻右舍这里有家新店开业了，另一方面就是为了讨个好彩头。通常会用到的就是店前的高架花篮，更有甚者与气球店做配合，布置店前的气球拱门。而店内的花卉摆设，一般多会购买开运竹、兰花、招财树等，祈求带来好运。

"包装委外"——设计公司。

小额创业最吃紧的地方大概就是店内装潢。特别是非加盟者，并没有总公司来规划店内陈设与工作动态，不管多么节省开销，还是要对店内的风格、名片有一定的规划。这时不一定要请室内设计师，反而可以请平面广告设计者来规划，至于要规划到什么样的范围，创业者可与广告设计者好好沟通。

如今创业已经大不如前，过去以盈利为前提，现在须以客户需求为导向。你提供的商品再好，没有提升营销手法、没有精致化的包装，刚起步都会难上加难。创业不单单是推销商品，而是要有诉求性，特别是偏僻地点更是需要被包装！

"宣传委外"——网站建设公司。

互联网（Internet）宣传力度所向无敌，目前已经有许多专门的网站建设公司，提供制式的网页给想成立自家网站的人，价格大约几千到上万，视网站需求而有所调整。建立一个网站或网络店铺对创业者有多大的帮助？不论是建设网站还是跟网络营销沾上边，对于一个新兴创新创业者，都可以有期待的宣传效果。消费者只要在网页搜寻栏打上搜寻需求，下一个被点选的网页或许就是你！

二、找出经营方向——"3C"与"3W"原则

现代商店的经营者要充分认识到，绝不是开个店自然就会有顾客上门，而是必须运用各种经营的理论与技术，借以塑造自己的风格与特色。对于商业环境的认知与经营体系的了解，是现代商店经营上不可或缺的先期准备工作。因此需充分掌握"3C"原则——Customer（顾客是谁）？Competitor（竞争者是谁）？Company（自己的特色何在）？这成为开店前后需要不断反复思考的基本要点。在当前面临产业的转型与市场竞争的激烈化，开店后坐在店里等客人上门的"坐销"观念已不切实际。如何有效地运用商店营销策略与结合新的经营技术，成为当前运营应突破的关键，因此回归原点分析"3W"——Where（店开在哪里——选址环境）！What（要卖什么——商品服务内容）！Who（想卖给谁——客群对象）！就会是根本的着眼点。

表 2-3 "3C"原则

顾客（Customer）	竞争者（Competitor）	公司特色（Company）

表 2-4　"3W" 原则

选址环境（Where）	商品服务（What）	客群对象（Who）

以中国台湾地区台北市东区位于金店面的某连锁咖啡店为例，每张桌子从早到晚都有客人，若只在表面做观察，会误以为这家咖啡店是赚钱的，而且一定是赚大钱。实际上这家店却是赔大钱的！因为位于黄金地段，房租高达每月 40 万台币，而且空间只能容纳 10 张桌子，许多客人经常一坐就是几个钟头，每张桌子的翻台率很低，当然不赚钱。如果能先做损益平衡点及商圈选择评估，那么就不会做类似这种的错误投资。

三、创业建议——开业前的六项规划

对创业新手的建议是，掌握开店前应妥善规划的六个经营事项，从市场评估、营销策略到危机处理，都要一一考虑清楚，开店后的问题自然会少许多。

1. 建立自己的投资企划书

先订出经营事业的规模及营业内容，这是创业评估的基础。然后对于所创事业相关环境进行分析建议，除了了解相关法令规定，还要评估潜在客户在哪里、竞争对手是谁、切入的角度或竞争手法为何？此外，这一个行业服务或产品的市场价格多少，一般的毛利率如何？这些都需要事先整理清楚。

2. 估算创业资金

包括个人与他人出资比例、银行贷款等，这会影响整个事业的股份与红利分配多寡。对所创事业一定规模下需要多少开办费用（硬件与软件），未来一年要准备多少营运资金等做出估算。

3. 设定营业目标

目前社会环境变迁快速，设立营业目标大多不超过一年。新创事业应参考相同规模同业的月营业额，订出自己的营业目标。

4. 预估第一年的营业收入与支出

对第一年的营业收入与支出进行大概的估算，这些预估数字的主要目的，是让创业者估算出所经营事业的每月支出与未来可能利润，并明了何时能达到收支平衡，并算出未来经营企业的利润。

5. 规划营销策略

营销策略包括了解服务市场或产品市场在哪里，同行业一般使用的销售方式是什么，自己的竞争优势在哪里。营销手法相当多，主要包括宣传单、电话拜访、现场拜访、商展、造势活动、网络营销等，创业者应搜集这些营销手法的相关资料。

6. 危机处理方案

企业在创业过程中可能遭受挫折，例如：经济指数变动、竞争对手的消长、股东意见不合、产品或服务退出流行、执行业务的危险性等，这些风险甚至会导致创业失败，因此要提出新事业可能碰到的风险预警及应对的办法。最后，我们提醒创新创业的朋友在创业的过程中往往呼朋唤友，大家一头热，但是在经营事业的过程中反目成仇的例子也相当多，因此合资创业前要将大家的权利义务列明。

四、创业性格的自我评估

目前在祖国海峡两岸，创业年龄倾向两级化，其中一群创业者年龄在 25 岁~45 岁，另外还有一些则是中年失业者通过创业开创第二春。无论何种年龄阶段，资金都是创业的重要因素之一，因此，政府部门提供了创业贷款以帮助创业民众。不过，除了本钱之外，人格、人际能力等都是创业者必须评估的条件，尤其是人格更是事业长青的基石。

创业必须"慎始"，建立企业管理制度，成功创业的概率就比较大。以目前中国台湾地区的环境来说，创业机会比过去多了很多，尤其是通路物流、连锁店加盟业的兴起，更是创造了许多创业的机会，通过一些成熟的经营管理的机制与别人经验的累积，使得创业之梦实现的机会很大。

在这个人人都想做挥别猪头做主管，飞上枝头当"老板"的趋势下，谁才能将这个位置坐得准、坐得稳？这个问题，关系着你的体内究竟有没有流着老板性格的血液，你的生意细胞到底是活蹦乱跳还是死气沉沉？让我们替你分析说明吧！

（一）华人创业适应性测验表

以下 12 题陈述句，是有关个人在工作上、生活上态度与行为的描述，请根据你个人的实际状况作答。数字越大，代表该陈述越符合你个人的情况。

表 2-5　华人创业适应性测验表

	非常 不符合	很不 符合	有点 不符合	有点 符合	很符合	非常 符合
1. 我乐于接受挑战	0	1	2	3	4	5
2. 我为自己设立目标，并且实践它们	0	1	2	3	4	5
3. 我能够清楚地表达自己的想法	0	1	2	3	4	5
4. 我会从不同角度思考、解决问题	0	1	2	3	4	5
5. 我对自己做的事充满信心	0	1	2	3	4	5
6. 我不会拖慢团队的进度	0	1	2	3	4	5
7. 在社交场合中，我总是主动去认识别人	0	1	2	3	4	5
8. 我不常爽约	0	1	2	3	4	5
9. 在决策的过程中，我常扮演主导的角色	0	1	2	3	4	5
10. 如果能说服或影响对方听从我的意见，我会觉得很有成就感	0	1	2	3	4	5
11. 创业的行业是流行产业，还是趋势产业，至少要有两年好光景才可投入	0	1	2	3	4	5
12. 可以承受失败的风险	0	1	2	3	4	5

（二）创业者的人格特质

上述 12 个题目分别代表以下 10 种创业特质，我们建议将你自我检测的分数记录下来，与成功创业者平均值做比较。若你在该题分数较成功创业者之平均分数高或相等，代表你在该题项拥有良好创业特质；反之，如果低于平值，代表你在该项创业特质尚有待加强。

表 2-6　创业者人格特质评测表

	成功创业者平均值	自我检测分数
1. 成就动机	4	
2. 目标行动导向	5	
3. 沟通表达能力	4	
4. 创新导向——问题解决能力	4	
5. 自尊	5	
6. 领导才能	4	
7. 自律	4	
8. 自主性	4	
9. 人际互动倾向	3	
10. 全力导向	4	

创业者平均值为中国台湾地区青年创业会根据 24 位已经创业成功受到大众肯定的青创楷模的数据分析整理出的得分标准。

五、创 业 资 金 检 测

创业没有足够资金，或者事业开创到一半才发现资金烧光了，这会带来很大的创业危机！为了避免这类资金危机，建议一定要事前规划好资金的运用。

表 2-7　创业资金运用表

算一算你的资金准备得够不够
自有资金估算，约_____元
贷还款估算，约_____元
平均每月应付本金及利息金额约_____元，贷款年限约_____年
以上相加，创业资金共_____元
平均每月应付本金及利息金额约_____元
开办费用估算，_____元（装潢费用＋押金＋设备器材费＋相关申办登记费）
每月固定支出估算，_____元（店租费＋人事费＋原物料费＋水电租、电话费＋应付本金及利息）
转期限估算：创业资金－（开办费用＋第一个月固定支出费用）＝剩余创业金额（即周转金）周转金÷每月固定支出＝周转期间共_____月（至少要 6 个月）
月营业额估算_____元
回收期估算_____月
(1)月营业额－预估每月固定支出＝每月净利
(2) 开办费用÷每月净利＝回收期间

案例　从自然出发，吃得比人还健康的宠物鲜食

营业项目：宠物食品

在 2004 年，热爱动物的林威利，自家的爱犬豆豆因为毒饲料的关系肾功能受损，致使往后照料，饮食必须非常小心，当时，创办人林威利决定自己开始动手研究与调配新鲜健康鲜食给爱犬，并成立"脚印厨房"博客，让大家了解宠物鲜食多元做法以及吃鲜食的好处，创造更多与宠物间开心的时刻。

林威利根据 2010 年全球创业观察（Global Entrepreneurship Monitor）的研究显示，有 28% 的创业动机是属于需求导向（Necessity-driven）。这群创业者是因为无法找到理想工作，而被迫投入创业活动。而另有 48% 的创业动机是属于改善型机会导向（Improvement & Opportunity-driven）。也就是说，他们不但是受到机会的驱使，而且还想运用这项机会创造个人的使命目标或事业收入。2009 年，林威利感受到虽然有固定的一群人会浏览博客，但力量还是太微小了，因此，创办"Doggy Willie 轻宠食"品牌，希望进一步通过品牌的方式，让大家都能了解慎选宠物食品的重要性与价值。

创办 Doggy Willie 后，林威利进行了相当长一段时间的市场摸索，包含国内外市场规模、竞争者、产品制成的技术与目标客群分析等。当时，中国台湾地区宠物饲主在考虑宠物食品观念上较欧美日落后，便宜经济实惠是主要选择，但在国际品牌事件的影响下，开始有越来越多的饲主注意宠物食品相关标示与选择被他人推荐过的品牌，而国外则已经开始着重研发天然健康食品前进，并有较为完善的宠物食品安全管理法把关，而在市场竞争中，中国台湾地区宠物市场市占率主要由多个国际品牌大厂把持，但仍有部分比例是国内品牌厂商。因此整体考虑下，对"要求饲料质量"与"重视宠物健康"的饲主进行聚焦锁定，作为目标客户群同时通过通路铺货、参加创业竞赛与参加展览的方式，逐渐拓开产品知名度与让饲主了解"Doggy Willie 轻宠食"所真正在做的事情。

林威利很乐于跟其他创业者相互交流心得。你可以从创业者眼中发现钢铁般的意志，他们真的看到了远景，并且朝那个方向努力，通过别人分享的创业果实，也让我们的创业种子逐渐成长。

六、知识型创业

除了加盟创业，接受一套加盟主建立出来的商业模式（Business Model），中小微企业可以考虑挑战很有潜力的"知识型创业"，包括售卖知识商品、售卖知识服务、用商品卖知识，用知识卖商品等等。建立创新事业是市场趋势也是提升竞争力的不二法门。

过去我们基本只在意发明家思维、创业家思维或管理者思维，但我们认为，中小微型新创企业更有市场竞争力和国际竞争优势，在中国台湾地区政策推动中小微型企业发展转型。近些年也在积极推销"打造知识型创业社会"的概念。那什么样的创业模式是"知识型创业"？对小微创新创业者来说，"知识型创业"有什么样的优势？就让我们为各位讲清楚、说明白。

（一）由知识型创业开创国际竞争力

中国台湾地区积极推动的"打造知识型创业"，目前已成为创业风潮的新风向。究竟这样的说法是基于何种动机或前提下所提出的？在菲律宾、越南、韩国、印度、马来西亚等新兴工业国家全力发展经济的激烈竞争下，祖国海峡两岸若不再继续强化竞争优势，势必无法推动产业持续成长。从目前祖国海峡两岸OEM代工产业相继出走与回流的情形来看，如不再加速产业升级的脚步，落实我们的政策，将使得我们的竞争优势逐渐丧失。

如何强化企业竞争优势？答案便是"知识型创业"。为了提升企业创新与研发的能力，并将企业塑造为创新导向的经济形态，未来产业政策将以创新为内涵，一方面通过技术创新，带动新兴重点产业的发展；另一方面将创新导入既有产业，支持中小微型企业生产高附加价值产品与提供优质服务，并以建立"创新导向型经济"为经济发展主轴，积极辅导新创事业，期望能够塑造一个富有活力朝气的知识型创业社会环境。

（二）知识型创业的类型

一般来说，知识型创业可分为四类：

1. 售卖知识商品

商品本身就是知识密集的结晶，如：高科技研发品（张忠谋、比尔·盖茨的事业即属此类）、生技产品、教育出版等。

2. 售卖知识服务

经营者本身为某个领域的行家，靠其专业知识提供服务，如：设计师、会计师、企划人、公关专家等。

以上两个模式其实都需要有一定专业背景，不是寻常人可一蹴而就，但后面两种就是以小搏大的新契机。

3. 用商品卖知识

选定一个商品类别，找出与众不同的定位，并不断研发创新，整理成一套独家专有技术来扩大市场，进而创造品牌价值。例如"壹咖啡"创办人颜文山，在竞争激烈的咖啡店市场中，以"谁说 35 元（台币）不能喝好咖啡"的价格打破策略另创咖啡连锁品牌，并善用网络作为沟通与招商管道，两年内就有 200 多家加盟店，甚至威胁到市场龙头 Starbucks。

4. 用知识卖商品

与前述先有商品后有顾客刚好相反，第四种创业模式初期通常以知识提供为主，不涉及商品交易，在经营一段时间之后，专业权威与品格获得网友信任，进而水到渠成引进并销售相关商品。

经营者选定一个无人称霸的领域作为主题，以经营社群的方式，深入耕耘搜集相关信息，并转化为实用知识，主动提供给有需要的同好（若是通过网站加上电子报的方式）。例如以发行"医生懒得说"电子报闻名的李淳廉，凭借护理师专业背景上网与人分享保健知识，两年后成立专装精油网站，营业额不断攀升。"Kolakola 亲子羽品网"的王睦涵则是从自身需求出发，与其他哺乳妈妈交换心得，分享知识，一年多后应网友要求成立电子商务网站，卖起哺乳衣、幼儿商品，网友热烈捧场。

(三) 知识型创业的优势

知识型创业者在未来的创业风潮下，具备以下两个竞争优势。

(1) 信息科技加速传播、整理、搜集信息的速度。知识经济最近能够发展得如此蓬勃，是因为运用了数字化网络技术，大量的信息可以跨越空间距离的障碍，实时被提取、传递，每个人都有机会在短时间内得到许多新观念，而这些新观念很有可能会激发自己原有的想法，以改善既有的产品。所以，具备能够在大量的信息中进行消化和创造的人才，是创造人类知识经济的重要基础。

(2) 知识型创业等于创意、创新。拥有网络这项科技是否就等同于"知识经济"？其实，能有效地利用信息来创造价值，才是"知识经济"的真谛。"知识经济"时代是一个需要常常动脑的时代，除了要在看得见的世界创造价值，在看不见的世界也是如此。

(四) 企业的创新类型

1. 事业创新

像是这几年才兴起的坐月子中心、网络咖啡中心、生物科技公司、软件公司等。此外，现在企业都在做产业 e 化，成立网络公司和网络部门，企业进行电子商务也是一项新的事业。

2. 产品创新

一种是开发新产品，另一种是在产品中增加其附加价值，生产智能化的产品，例如：现在的信息家电、有机食品的研发，就蕴藏了大量的商机。

3. 制程创新

从生产过程中想办法降低生产成本、提高生产效率。以生产线的分工制造为例，耐克将鞋子的制作转移到人工便宜的地方，戴尔计算机通过网络与各国代工厂商合作，快速生产个人计算机等，可以说都是很好的创新。

4. 无形资产的创新

创新的企业文化、员工的活力、企业品牌形象、信用……这些都是企业的无形资产。无形资产如何被创造出来，是经营者要用心的地方。

拓展阅读

严长寿先生《和谁在一起真的很重要》

1. 普通人的圈子，谈论的是闲事，赚的是工资，想的是明天。

2. 生意人的圈子，谈论的是项目，赚的是利润，想的是下一年。

3. 事业人的圈子，谈论的是机会，赚的是财富，想的是未来和保障。

4. 智慧人的圈子，谈论的是给予，交流的是奉献，遵道而行，一切将会自然富足。

在现实生活中，您和谁在一起的确很重要，甚至能改变您的成长轨迹，决定您的人生成败。

七、创新思维训练

CIA（美国中情局）顾问 Michalko 曾经提到，所谓"思想举重"的一千种练习，其实就是在训练你像一个"生产式思考者"一样，不要只找到标准答案，而是去想想还有哪些可能，至于要怎么找到这些可能 Michalko 提出了八种"天才"常用的策略，我们与团队则试着用"妮可有一只猫，它的左眼看不见"的这个练习，来解释这八个方法：

（1）从不同的角度看这个问题："我是一只左眼看不见的猫，我的主人叫妮可。"（从猫的角度）

（2）可视化你的思考：把妮可与猫的关系画出来，然后看你可以从画面中看出什么？"妮可总是要从猫的右边喂她的猫，因为它的左眼看不见。"

（3）把想法实际做出来（在过程中找到启发）：把妮可与猫用黏土做出来，看看你又能得到什么？"妮可坐在椅子上，她的猫要用右侧身体才能跳上妮可的腿，因为它的左眼看不见。"

（4）把东西组合在一起："妮可的同学都不喜欢去她家玩，因为他们都怕妮可那只独眼的猫。"

（5）强迫一些不曾发生的关系："妮可有次带她的猫去凯蒂家玩，发现凯蒂家的狗也是左眼看不到，就像妮可的猫一样。"

（6）逆向思考："要是妮可的猫两眼都看得见，那妮可就不用这么辛苦照顾它了。"

（7）抽象化思考："世人面对政治时，往往就像妮可的猫一样，总是一只眼看得见，一只眼看不见。"

（8）准备好让机会来找你：虽然我们只想到 300 句关于"妮可与右眼猫"的变化，但这个练习却让我们真正了解了"创造性思考"的内涵。

我们提出许多不同逻辑思维方式，试着从不合逻辑中找逻辑，创业创新本来就是在失败中找经验，时时强化自己，让自己茁壮长大是唯一的丛林生存法则。再者，实证问题，追根究底的性格是成就未来最重要的内化力量，举一实例，我们在中国台湾地区近几年辅导的企业里最常听到企业主管问："顾问，员工问我使用自己的手机，公司为什么规定公司从业人员不能上网？这问题怎么跟领导说呢？"

这段对话听起来很耳熟吗？其实，你并不孤单。许多公司的策略都遇到这种难以解决的问题，也无从化解。这样的对话只是一再地绕圈子，因为每个人对于开放（还是封闭）、维持掌控（还是放手）的理由都说得很有道理。这种情况下，所需的是一套共同的架构和流程，好对开放做出明确的决定。

因此，当你想要让企业文化更开放时，先自问"究竟想达成什么目标？"基于所有以开放式领导迈向成功的企业，我们列有四项基本的目标：

1. 学习了解

企业想有所成就，就先得学着了解员工、顾客与合作伙伴，企业和领导者必须不断地开放学习。你们在追求任何其他目标之前，也必须先以此为起点；否则，你们可能会有埋首于真空状态之内的风险。

2. 对话

对内沟通和对外沟通，能够改变单向指示的关系，成为平等对话。在这个过程中，参与对话者会愈来愈投入，到了就算你不在他们也能顺利对话的地步。

3. 支援

人们（公司内部人员和外界的人士）在不同的时候都需要帮忙，无论售前还是售后。

4. 创新

创意是需要培养的，不论是公司内部还是外部的人士都是如此。

以上的问题没有固定的解决问题模式，得视当下的人、事、时、地、物等因素做弹性处理，世事多如此，所以追根，所以究底，CEO 最大的创新筛选能力不在于选对市场要的商品，而在于剔除错的，如此思维训练自我才能毕其功于一役。

八、规避创业四大错误

创业四大要素：机会、资源、团队，还有一个是突破性的想法。许多人费了很多心力终于凑齐这四个要素，抓准了机会，并且资源、团队都到位，也将期初的想法转为 PIVOT 并且盈利。

选对理想中的人才、设定正确目标、充分授权直到发放红利以及认购股权，却总是无法达到目标，明明有营收，但却怎么也做不大。相信这是很多人在创业进程中所会遇到的"瓶颈"，是什么原因造成的呢？机会？资源？团队？抑或是一开始的想法就出现了问题？其实不是以上四者，而是出现在团队的领导者身上。

（一）原因 1：过度追求个人贡献而没有指导他人

这也是最显著且足以影响全盘规划的错误，技术出身的领导者常把此项创新当成是自己的，而忽略了要将事业做大做广，须以架构让他人创新的环境为主，本身退居于一个领导团队以及提供协助的角色，带好团队最忌讳将功绩集于一身而且把自己的话当成是圣旨，要下面的人务必遵从。

上级均急于追求功利，要下级务必得完成所交代的任务，大家光忙着完成自己当责的任务就已分身乏术，再去想自我成长的机会就难上加难。这也是中小微型企业的通病，不把员工当资产，只把员工当成可替换的耗材。企业家乃至于创业家都应该把指导他人，提供让他人成长的环境为己任，唯有把下属当资产，这样整个企业体成就才能有所提升，不然永远只能追产量，无法追产值。提供给员工成长的环境，员工自然会慢慢成为人才。人才是训练出来的，而不是凭空冒出来的。如果一味地只是想追求以高薪挖墙脚的方式得到人才，这个方法其实对于企业体的帮助很有限，或许他在 A 公司的确是个很有绩效的经理人，但换到 B 公司来整个组织以及文化乃至于下属都不一样，能否发挥最大效益绝对是个问号。

（二）原因 2：焦点过度狭隘

这个问题源自于领导者设定目标时，易于倾向于技术面（如产品范畴、制作方法等）而忽略执行面（如顾客需求、营销手法等）。这两者务必并重执行，在日程安排上必须先考虑进去，不然很容易发生产品推出后，已经没什么时间去想如何营销，抑或是最后才发现原来所做产品根本不是顾客心里所想要的。

（三）原因 3：过于注重向下领导

大家都知道整合的重要性，但是能做到向上领导以及向下领导的企业真的是少之又少，中小微型企业体就比较偏向注重向下领导，专注于解决技术层面上的问题，真正对于实体通路的销售，乃至于品牌的建立实是少有收获。

举个例子，20 世纪 70 年代的全录公司帕洛阿图研究中心，当时有无数的发明，成为今日计算机的核心，例如面向对象程序运算、网络计算机、弹跳式选单、人性界面文字处理城市、图形界面、鼠标、图标等，然而研究中心的科学家无法说服总部高层，这些发明具有很大的商业价值；相反的 APPLE 总裁贾伯斯对这些研究成果十分感兴趣，进而利用这些研究成果发展出 MAC 操作系统。希尔·吉克在《创新未酬》中提到贾伯斯曾说，"全录原本可以坐拥整个计算机产业。"结果全录现在却只是个专事贩卖复印机的公司，应该没人比全录公司更加觉得向上领导的重要了。

（四）原因 4：错误传递企业价值

领导者即代表着企业体本身，当领导者低估其象征的意义有多重要，传达出对执行不必太认真的感觉，或者错误的价值主张，使得下属觉得领导者的行为并不支持相应的企业价值，会使整个企业体效率低落。身为领导者要能将价值化为行动，传达正确且坚定不移的意念给下属，如此整个企业体的效率才能有效提升。

所谓错误的价值主张，举例而言，老板对于 A 员工所做的事情极力赞赏，但 A 员工所做的事并非项目内所需完成的事项，大家就容易觉得，原来老板想做的东西是这个，然后大家就一窝蜂地投入，结果影响就是整个公司均偏离轨道。

（五）原因 5：未能帮助员工做好成长计划

这点跟"原因 1"很类似，即为领导者只注意到短期的绩效而忽略了长期的培养以及训练你的手下，一个项目只是阶段性的任务，但是员工却可能是陪着你一辈子的资产，为了绩效而不断压榨员工，或者是使得员工没什么成长的机会，员工对于自己的定位没有满足感、没有信心，感觉换一个人来做似乎也没什么差别。如此，公司的向心力就会十分的差。倘若能让自己的员工感觉自己有所成长，在项目上又能有好的绩效，相信跳槽的机会会减少许多。

常说这一代的年轻人没什么定力，工作常常一个接着一个换，但企业主可曾检讨过自己，是否提供了一个让年轻人学习成长的环境，是否让他们得到了实现自我，展现自己的舞台，如果能有可以表演的舞台，相信再小，再年轻的一辈也会想在上面表演，至少看得到将来的机会。如果这个社会不提供舞台，却又一味批评，实在是不利于员工的成长，不利于企业发展。

如果企业们真的无法提供舞台，那就由我们自己携手创造属于我们的舞台吧！舞台的表演者一定不止一人，如果你愿意开创一个舞台，相信许多志同道合的人会与你共同表演。世界等着我们，企业主加油！

第三章 化危机为转机的营运变革

面对风险与机遇，个人创业及企业创新再造需要首先关注产业风险与环境状况。诸如，若该产业一片繁荣，则相对进入该产业风险较低，但若该产业正面临重大新技术的冲击，则进入该产业须小心谨慎，因此我们先从全球风险谈起，以避免创业家常常以自我为中心，视他人为无物。创业者常常只看到自己的领域，更甚者只看到自己的公司研发，经验告诉自己，如果一味专注自己的创新研发，或许等产品上市走了数年，但竞争者两个月就学起来了，所耗掉的成本将严重冲击公司正常营运，这就是为什么我们一而再，再而三地提醒创业者须时时抬头看看产业发生什么变化，毕竟，原创性创新技术不容易，破坏性创新的产品来临时，如果创业者没法保持高度敏锐度，将在这一波洪流中快速被淘汰。

一、国际商贸风险预知

中小企业在创新创业中，如果从事海外投资企业及设立店铺，那么需要了解从事海外商业活动常见的合同陷阱、授信陷阱、收款陷阱及诈骗陷阱，并做好陷阱的预防及防范措施，从而降低从事海外商业投资的风险。由于创新创业中海外市场幅员辽阔、信息透明度低、信用调查不易，容易发生各种贸易诈骗案例。因此中小企业需掌握，在创新创业中进行海外经商投资要避免受骗上当，必须遵守的第一个原则是"在没有收到钱之前，不管对方说什么，都不能相信"。

因此，中小企业必须事先做好交易客户的征信调查，在签订买卖合同之前应就合同签订的"当事人资格"、"代理人资格"等进行授信调查。例如：对方是否拥有被代理人签发的授权委托书？其代理期限是否已过了有效期限？其代理行为是否超越了代理权限及授权范围？中小企业需确定交易对象付款没有问题才可与之进行交易。

中小企业在创新创业中从事海外贸易需掌握防骗四大原则：即"款到发货"、"知己知彼、百战不殆"、"坚持在本地签订合同"、"订单不会从天上掉下来"；中小企业与客户谈生意及签约的地点距离太远要特别注意是否为骗局。

另外，在创新创业中猖獗的仿冒问题是一定会发生的，中小企业以单独打击仿冒的方法无法真正有效地杜绝仿冒，因此，必须双管齐下，配合产品不断地创新，提高客户的忠诚度，意思是客户与其仿冒你的商品不如下单给你，做到这样，才有竞争力。这一点，许许多多中小微型企业运用电商平台做得非常好，我们的经验是，他们直接告诉你所下订单的量，我们能代工处理，除非贵公司需求十倍这样的量，否则建议委托给我们做就好。公司整体利润微薄，不值得在这项商品上自行研发。为了说服客户，他们直接告知营销状况，成功说服客户停止研发该产品，改由他们制造外包。此外，中小企业也应注意价格战衍生的风险问题。中小企业在创新创业中遇及的问题依风险类别的不同可分为：投资设厂问题、劳动人事管理问题、进出口报关问题、财务问题、营销问题、银行融资问题、经商信用问题及营运管理问题等。

二、中小微企业在创新创业中常面临的五大类风险

分析归纳中小微企业在创新创业中发生的人身安全案例及投资风险，发现其在创新创业中有些投资风险的发生是由于中小微企业本身的因素所造成的；有些投资风险是因为创新创业中政治环境、社会环境、法律环境及经商环境所造成的，中小微企业面对各种风险，最重要的是做好风险案例分析、掌握风险发生的规律性，做好风险的预防、解决及规避，以降低风险对中小微企业投资、经营及人身安全的影响。

1. 政治风险

中小微型企业在创新创业中的言行、政治的倾向、营销涉及的意识形态等，都可能牵涉到政治风险。

2. 投资风险

中小微型企业投资进入的模式、合作伙伴、合同签订、购买土地等都属于中小微型企业常见的投资风险。

3. 政策及法律风险

创新创业中各种投资优惠政策、税务政策、各地颁发的红头文件、执法内外有别的政策等都属于中小微型企业常见的政策及法律风险。

4. 经营风险

中小微型企业在创新创业中经营管理涉及的经营风险包罗万象，例如：贸易诈骗风险、税务风险、进出口报关风险、劳动管理风险、宏观调控的风险、专利商标侵权的仿冒风险、买卖合同纠纷的风险、内销风险、外包风险、工伤风险、劳动合同签订的风险、员工检举的风险、人民币升值的风险、缺电的风险、缺工的风险、缺料的风险、员工跳槽的风险，等等。

5. 人身安全风险

包括住宅安全、进出海关、员工管理、开除员工、路上抢劫、搭乘公众交通工具、婚外情等所引起的人身安全风险。

6. 经贸纠纷及投资陷阱

中小微型企业在创新创业中发生经贸纠纷并非是地域性的问题，而是创新创业中普遍性的问题。几乎在每个地方投资的中小微型企业都曾经发生过经贸纠纷，中小微型企业发生经贸纠纷常见的问题包括：购销合同纠纷、货款纠纷、仿冒纠纷、土地买卖纠纷、工伤纠纷、劳动合同纠纷、报关员违法问题、员工检举、员工跳槽纠纷等。

中小微企业在创新创业中常见的陷阱，初期有土地买卖合同的陷阱、合资合同的陷阱、中方合资伙伴的陷阱、以创新创业中人名义设立贸易公司的陷阱，到了现在，投资陷阱转移到贸易、采购等陷阱，尤其是中小微企业从事内销的比例愈来愈高，与国有企业、民营企业或个体户交易往来的机会愈来愈多，时常遇到假下单真诈货，或收到货以各种理由拒不付款，或厂商委外加工，由于质量问题被国外客户索赔，问题归属当地的供货商，虽然购销合同签订有责任条款，但供货商不理不睬，甚至将模具扣住不归还企业等，如通过法律诉讼途径解决，时间的压力及精力的花费对中小微型企业造成巨大的压力。

中小微型企业创新创业及经营过程中所发生的问题，都有其本质的不同、发生背景及原因的不同、企业在当地人脉及关系的不同，因此，面对不同的风险案例，没有一成不变的处理方式。重要的是在风险发生后，中小微型企业面对问题的态度、处理的速度及处理的方式。特别是处理态度必须掌握"大事化小、小事化无"原则，以最小的成本解决。在解决过程需掌握"法、理、情"的精髓并活用"五法并重"的技巧，即"合法、守法、适法、变法、用法"等的灵活运用。

三、经营风险评估

（一）企业风险分析

回顾风险管理相关文献与数据，许多影响组织风险轮廓的因素，正是风险管理演化的原动力。大致而言，这些因素可分为外部因素与内部因素。

1. 外部因素

（1）经济环境的改变，即使机构本身并无任何改变，但经济环境的改变将改变机构的风险轮廓。

（2）竞争因素对于盈利造成压力并可能改变客户的选择与预期。

（3）法律/监理上的改变某些情况下造成新业务的产生，如 Gramm-Leach-Bliley 法案通过后，金融机构得跨业经营；其他情况可能产生对业务的新限制，如前述法案中有关私密法规部分，使得机构在经营业务上，需额外考虑个人资料隐私保障的问题。

2. 内部因素

（1）经由组织再造或产业间与产业内并购所引起的组织或领导权的改变。

（2）保持公司现有市场地位与发动攻势进入新市场的新策略。

（3）新产品或旧产品改变。

（4）新技术、新配销管道，以及新程序的使用。

理论上，这些因素无处不在，唯因环境、组织的演变，在不同时期，某项因素触发当时风险管理的新焦点，并且经营者总是在机构遭逢巨大损失后，才开始体认应该更积极地管理风险，进而采取实际行动加以改善。总体来说，这些行动包括：

（1）监理者增订新规定——可能涵盖衡量、报道，或提列资本协助其监控与减轻风险冲击。

（2）市场参与者对于风险如何管理产生新的预期。

（3）机构必须控制风险以维持绩效。

（4）信息与技术的进步造就更为精密的管理技巧。

这些实为风险管理方法与工具进步的原动力。例如：美国在 20 世纪 80 年代早期的储蓄与贷款危机，造成当时大家对利率风险的重视；20 世纪 80 年代中期得州银行倒闭与石油危机，使得贷款集中度问题受到重视；近来，由于键石第一国家银行（First National Bank of Keystone）与巴林银行（Barings）倒闭事件，使得创业者开始注意作业风险暴露的问题；另外，决策层关心当产品日趋多样与复杂的情形下，机构如何进行综合风险管理，以防患于未然。然而，新型工具与方法已经额外地将风险管理的焦点，由个别交易风险（如贷款或交易）转移至组合风险［如投资组合的风险值（Value at Risk）］与全面性管理风险。随着风险管理朝着更为广泛的方向，资源与经济资本配置将变得更有效率，在风险的减轻与恶化可同时考虑下，整体公司的资源最适配置将更为精确。BCM 之主要部分就是确保企业于灾害发生后能降低关键性活动（Mission Critical Activities，MCAs），减少遭受意外事故冲击发生的可能性，以及一些适当的控制能够被清楚地说明、执行且适切地管理。

国际化与全球化对于许多跨国大企业，或是中小微型企业都将是一种挑战，所需考虑的风险面亦更广，因此企业风险除了涵盖了一般的风险项目外，更包括了财务、形象、营运、环境、法律、人力、业务等多方面的风险存在因子，而根据国际损失控制协会（International Loss Control Institute，ILCI）对于美国企业18000 件的巨灾统计，其中 70%未设置风险管理系统之企业，在遭受巨灾后 5 年内会结束营业。风险管理的概念早已盛行于欧美，近年来更倡导整合性风险管理或现代化风险管理理念，而国内所言之风险管理主要是指财务面之管控策略，而非国外所言之企业风险管理概念。整体而言，企业风险包括有决策风险

(Strategic Risk)、财务风险（Financial Risk）、营运风险（Operational Risk）与危害风险（Hazard Risk）等，其中决策风险与财务风险在整体企业风险中所占比重大于营运风险与危害风险，而危害风险又以安全卫生环保工作为主要核心。此外，欧共体也在推动企业风险管理（Enterprise Risk Management，ERM），其架构包括财产与停工期的危害风险（设备失效、资料风险、火灾、水害、犯罪行动、运输危害……）；财务风险（收益性、完整性、偿付能力……）；组织运作风险（运作发展、附属单位、联系与责任义务……）；利害关系者风险（顾客、财务、分包商、官方……）；营运风险（机械与设备、原料与替代物、废弃物与排放物、工作场所、产品与服务之质量……）等。

（二）企业在风险管理上存在的问题

1. 认知不足

企业风险管理的架构与理念其实国外已运行多年，我国仅有少数企业，特别是高科技产业或是国际化企业配置了此体系，绝大多数企业则是依法规与保险公司所提改善内容为主。

（1）缺乏风险评估工具：为营造企业安全工作环境与追求合理保险费率，清楚辨识企业内潜在的危机性风险、危险性风险、需监控风险与可接受风险甚为重要。反观诸多企业在进行危害风险改善之际，绝大多数是依据外部利害关系者的意见进行改善，此作为无法清楚掌握真正迫切且严重的风险何在，更没有论及对于企业的效益为何。因此，清楚定义与分析风险目的与选用合适的风险评估方法论与工具方能全面性系统地辨识出企业内潜在的危机性风险、危险性风险、需监控风险与可接受风险。

（2）定义与分析的风险范畴，可由企业构成之要素抽丝剥茧而获得，此要素包括人员（People）、设备（Equipment）、原物料（Material）、环境（Environment），由单一要素便可进一步思索希望分析何种危害，例如原物料在设备的环境中可能产生的危害是什么？设备失效造成原物料外泄使得环境可能受到何种冲击？人员在原物料储存的环境中可能有什么危害？

（3）确立与分析风险危害后，便可选用合适的风险评估方法论与工具进行全面系统的危机辨识。例如，欲分析变压器发生爆炸的因果关系便可采用"事件树"（Event Tree Analysis，ETA）或"失误树"（Fault Tree Analysis，FTA）的方法加以分析；若要了解企业火灾风险的大小与核保的关系，可以参考如德国慕尼黑再保公司、汉诺瓦再保公司及其他保险公司或专业组织的火灾风险评估方法（Fire Insurance Risk Evaluation）来分析企业的建筑结构使用性质危害、消防防护、工厂安全管理。

上述问题一旦克服，便可以清楚企业在不同接口上的风险特性为何，并依据风险改善优先顺序，即"危机性风险→危险性风险→需监控风险→可接受风险"，逐年计划性改善，自然而然企业风险将获得全面性的控制，并得到再保公司的肯定与支持，为企业争取最大福祉。

2. 事权不一

企业保险事务通常由财务部门负责交涉，对于实际从事损失预防与控制的部门而言，并未实际参与其中，经常导致企业安全绩效与改善努力的成果未在专业包装的情况下功亏一篑甚至谈判筹码尽失，因此部分企业已逐步将财务、安全、卫生、环保融合于风险管理部门之中。就国内企业而言，大型企业通常会寻求保险经纪人或风险管理顾问机构协助以凸显企业风险管理绩效，然而大多数企业尚未依此模式进行，值得注意的是，具备风险预防与控制技术能力的保险经纪人或风险管理顾问机构，对于企业风险的改善更具影响力。

3. 投机心态

由于国内外政治经济局势的改变，部分从业者考虑未来可能转赴其他地区投资，而不愿积极面对既有风险进行预防与控制，或选择弃保一途，此法实不值提倡，我们建议业主对于危机性风险与危险性风险仍应加强整顿，因为落实安全才是企业最大保障，保险是在万不得已的情况下的应变之道。受国内外灾难事故的影响，中国台湾地区产业保险费率与自负额大幅攀升，在经济低迷的寒冬中，除了产业内外受敌的影响外，此举更为企业平添诸多忧愁，面对险恶的环境，企业若不是与当地保险公司或国外再保公司妥协，便只有弃保一途，然而唯此作为恐将引发企业更大危机，加速企业沦亡的脚步。有鉴于此，回归风险管理的根本方能为企业创造最大利润与提升竞争力。

从 1990 年至今中国台湾地区的企业对于安全文化的塑造与危害风险的预防与控制，确实有目共睹，然而安全工作的落实，仍以法规所规范的内容或实务做法为主，法规是规范应有的最低水平与要求，故此难获境外再保公司的认同，也经常造成企业花了大笔钱，却无法获得合理的保费，当然以中国台湾地区目前被列为重灾地区的情况而言，能够维持保费水平扩大再保公司承保范围，应是企业可追求的目标。

企业营运持续计划是针对各种可能灾害事故风险，包括火灾、营运策略错误、产品责任问题、机密外泄、研发进度落后、爆炸、重要干部被集体挖墙脚、传染病（如：SARS）、有毒气体外泄、食物中毒、电力中断、石油危机、消费者纠纷、政治暴动、恐怖分子等，拟定应变与复原计划，以应付可能对公司所造成的营运与财务状况。因此 BCP 不只是灾害复原、危机管理、风险管理控制或是技术的复原。它展现出一个企业和管理阶层在经营层面的远见与决心，这不仅是企业内执行单位的个别训练，更是整个企业共同参与的全面计划。在企业面临异常的状况时，BCP 提供企业继续营运的策略和运作的模式，在企业营运中断或是损失时，能继续提供它的产品和服务。持续营运计划已经被认为是一个良好的企业必须实行的政策和构成这个企业是否能够继续生存下去的要素之一。企业内设置 BCP 应在营运中断策略的尺度上考量，而不应该仅把目标局限在危机运作的环境及条件上。

企业的风险分成策略风险（包括内部的管理策略及外部竞争策略）、企业营运时会造成的风险、国际汇率变动与银行利率变动所面临的财务风险及遇到天灾或其他不可避免危机风险，并且每类风险都有内部与外部的不同显著与潜在风险因素，如表 3-1 所示。

表 3-1　企业风险的内涵与案例介绍

	策略风险	营运风险	财务风险	危害风险
本质	高阶主管对于企业内外部的形式不清楚，使企业的营运策略错误	国内外法规的变迁，使营运风险增加	受企业内账务问题或外部经济变动的影响	受企业内账务问题或外部经济变动的影响
案例	HP 于 20 世纪 90 年代中期，因策略错误导致获利呈现负成长（增加）	RoHS 与 WEEE 的推行博达案	讯碟太电	"9·21"地震日月光中坜厂祝融之灾

了解企业风险的内涵与来源之后，并且根据风险发生来源（可分成内外部及（非）人为），进行风险分类，分成四大项目，如图 3-1 所示：

（1）内部—技术/经济（非人为）。

（2）内部—个人/社会/组织（人为）。

（3）外部—技术/经济（非人为）。

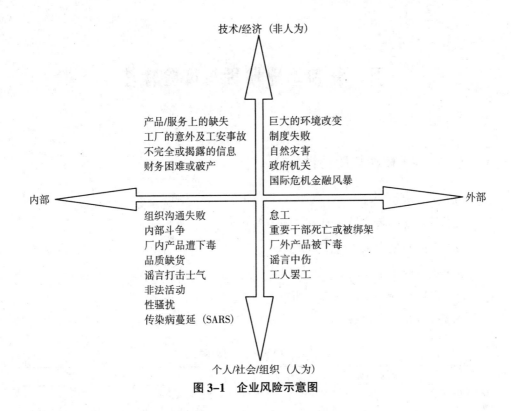

图 3-1 企业风险示意图

（4）外部—个人/社会/组织（人为）。

根据风险评估的结果，可以了解企业所面临的风险情形，如果要使企业受到的风险减少，可借助风险管理的方式将风险做最适当的控制与消除，因此风险管理的功能包括：

（1）了解企业内部的环境、组织缺失与关键营运。

（2）辨识自然及潜在冲击事件对于营运持续的影响，其中包括明确与可忽略的事件。

（3）企业须了解在一段时间内所发生的事件，会带来的结果。

（4）建置应变策略，以减少风险所带来的冲击。

（5）根据风险分析的结果，忽略风险值低的事件；并须维持营运持续计划的高适应性。

四、新创事业阶段与风险特性

（一）种子阶段风险特性

（1）仅有构想概念。

（2）只有创办者或技术专家，没有管理人才。

（3）产品原型尚未进行测试。

（4）企业规划未完成。

（5）仅进行部分初期分析，如市场研究。

（6）仅有些少许资金。

表 3-2 种子阶段风险示意表

事业目标	事业风险
● 制造产品原型 ● 市场评估 ● 建立公司，组成管理团队 ● 发展详细的企业规划 ● 初步的生产与营销	● 产品原型无法完成 ● 潜在市场不够大 ● 发展太慢，资金用完 ● 产品无法在有竞争力的成本下完成 ● 无法吸收再次融资或资金 ● 技术进步与市场改变，使产品构想过时 ● 构想不够好，无法吸收投资，无法组成团队

（二）运筹阶段风险特性

（1）完成企业规划与市场分析，产品原型测试。

（2）管理团队组成。

（3）产品准备上市，有些样品出货。

（4）后续产品原型构想中。

（5）展开营销与生产仍未有收益。

表 3-3　运筹阶段风险示意表

事业目标	事业风险
● 完成原型测试，产品准备上市 ● 初步销售，验认需求 ● 建立适当的制造方式 ● 建立管理组织 ● 发展营销规划 ● 确保下阶段的资金需求	● 产品原型测试不满意或创办人无法有效管理，无法吸引主要经理人 ● 潜在市场占有率无法达到预期效益 ● 现金计划，不能吸引额外的资金 ● 销售量无法达到损益平衡点 ● 产品在成本上无市场竞争力 ● 产品开发上有非预期的延迟，很快遭受竞争者压力

（三）成长阶段风险特性

（1）有一些订单，已被市场接受。

（2）需要营销推广。

（3）健全的管理团队。

（4）筹集各制造上的资源需求。

（5）产品生产中。

（6）验证企业或营销规划。

（7）接近损益平衡点。

（8）调整企业规划与管理需求。

（9）需要营运资金。

（10）投资该企业已有一年以上时间。

表 3-4　成长阶段风险示意表

事业目标	事业风险
● 达到市场渗透及销售目标 ● 达到损益平衡点或有获利 ● 增加产能，降低单位成本 ● 建立销售团队及配销系统 ● 强化内部管理，确保计划顺利执行 ● 持续产品开发 ● 产品准备上市 ● 达到降低单位成本/边际利润的目标	● 没有很强的市场竞争力 ● 制造成本太高，无法达到适当的边际利润 ● 市场没有预期的大，市场成长缓慢 ● 错误的营销策略，不当的配销系统 ● 不当的财务控制 ● 非预期的竞争加剧 ● 技术问题妨碍生产 ● 新技术的进步使产品过时

　　风险管理为全企业需建立的意识，有意识之后还需有响应的机制。"No Risk, No Return！"企业经营本质上就存在风险，好好去管理风险就是创造机会。我们若好好去抓住这个风险带给我们的机会，创造企业价值，就是有报酬风险，包括

研发新产品、购并竞争者、开发新市场等。另外，我们也看到很多风险是企业维持价值及营运而必须要做的，这些为无报酬风险，例如：法律风险、财务风险、供应链风险及人员安全等。

德勤于前几年针对全球的企业做的 ERM Benchmarking Survey，提到企业在实施风险管理机制后，最主要感受到的效益为：公司的风险管理文化意识有所提升，大家都知道怎么样去辨识与管理风险，当负面事件发生时要如何响应以降低它的冲击。另外，当问到企业期望 ERM 未来继续往哪里走时，大多企业的反应为希望未来的风险管理能与企业的成长与报酬做更深的联结，更积极去管理企业的风险，也就是掌握企业经营的机会。

五、实务分享

案例 3-1　丰田汽车厂

2009 年 8 月，日本丰田汽车有几辆 Lexus 在加州因刹车失灵造成一些人员死伤，在媒体报道 4 个月后，2010 年 1 月时，媒体再揭露美国的运输部门发现油门踏板有瑕疵。隔了一个月，丰田社长丰田章男亲自去美国参加听证会，之后美国法院对丰田开出了 1600 万美元的罚单。这当中，丰田因为安全问题，已召回了 1000 多万辆车。这整起事件发生得非常迅速，也造成很大的损失。事后，丰田迅速成立一个全球质量管理委员会，以确保该品牌车辆生产的质量。事件发生后，有一阵子大家对丰田的质量形象打了一个很大的折扣，但丰田后来恢复过来了。今天重新审视此事，丰田汽车在风险辨识与响应上的反应确实较慢，以为只是个别的质量事件，一开始也仅做地区性的处理，但没想到地区性的事情变成整个全球商誉的风险。

这件事告诉我们：

（1）风险是可以联动的，事件会如雪球越滚越大；

（2）企业如果可以及早建立一个风险辨识评估的管理机制，并快速响应的话，就可以将风险事件带来的损失降低。

案例 3-2　德勤的故事

2001 年 "9·11" 事件中，纽约双子星大楼被飞机撞毁的事，相信大家耳熟能详。其实在这之前，德勤全球营运办公室也是位于这栋大楼，且曾经于地下室发生汽车炸弹事件，警报器大响。当时德勤的全球总裁花了 3 个小时走楼梯到达地面层时，他察觉位于高楼也是一项风险，不能让他的员工暴露在这样的风险下面。当时的总裁是一位有风险管理意识的领导人，所以决定把德勤的办公室搬到双子星大楼后面比较矮一点的建筑物里，所以 "9·11" 并没有对德勤造成太大的损失。这案例告诉大家培养风险意识的重要性，才能让公司思考怎样做好企业风险管理。

拓展阅读　中国台湾地区作家侯文咏的文章分享

最近有两件事，被我合成了一件说。

儿子几天前跟我说，他觉得人生，选择比努力重要。

我问："为什么？"

他说："做对了选择，就算努力不够，还是有机会。一旦做错了选择，再怎么努力也无法超越那个选择的格局。"

我点头赞许，这话倒是有点意思。

好笑的是，我联想到的，不是什么努力不努力、成功不成功，而是另一件事——爱情。

人说相爱容易相处难。其实相处也不难。

大概是我结婚十几年了吧，婚姻生活一直无灾无难。常被问有什么秘诀？我总说：其实是因为很幸运啦……这话不是故作谦虚，而是想来想去，就是儿子那句话：婚前的选择比婚后的努力更重要。

相爱的时候，常说如果对方可以改这个那个，我就爱他了。先把这个前提拿掉，看看是不是还能爱对方。如果还能，以后相处就容易了。

累积我和雅丽小姐近二十年的婚姻，到最后的结果是：我没改变她什么，她也没有改变我什么。说得更明白一点，我们是在理解到这件事的前提下，还开开心心地找到一种方式一起生活，这才有幸福可言的。也就是说，先把改变对方，或者期待对方为自己改变的期望拿掉，两个人的生活自然就容易好玩、有趣了。

说来说去，还是那个选择比努力更重要的道理。

恋爱的时候常说自己无可自拔。其实经历几次失恋之后就知道，没有什么伟大的爱情是无法自拔的。这样说的意思不是说恋情不用珍惜，而是说，你是真的有选择机会的，很多事后来搞得痛不欲生，只是当时你深陷其中，放弃了那个选择而已。

因此，在你还能选择时，找个不用改变的他（她）（或者说缺点是你可以接受）的对象来爱吧，在我看来，这是所有幸福爱情的第一前提。

这好像跟我儿子说的事是两码事了。

不过话又说回来，其实两码也是一码。天下所有的事，无非都只是一码事。

如文章的结语，天下所有的事，无非都只是一码事，我们认为，创业跟结婚也可以当成一码事，开始是一种赌注，结束是一种痛苦，如果没法努力维持，伤害就难以避免，而如何维持创业生存战，持续创新，维持创业初期的热情相当重要，这跟维持婚姻异曲同工。

第四章 组织新生 人才竞争力的隐性 革命

《孙子兵法》里说："道者，令民与上同意也，故可以与之生，可以与之死，而不畏危。"所谓"道"就是要让部属、人民和领导者心意相通，大家同仇敌忾、生死与共，不但悲喜相通，更将国家的命运视为自己的命运，形成彼此休戚与共，不论生死的密不可分的关系。这句话的重点在于"同意"这两个字，就是人民与领导者之间有共同的想法与共识，才能够"同理想、同生死、福祸与共"。所以企业之"道"就是企业文化。

有人说办公室的设计风格是文化，有人说是情感的问题，又有人说上班好不好玩才是重点，当然也有些比较极端的人会认为，文化就是你这家公司本身有没有值得膜拜的"怪咖狂热文化"！

一、探究企业文化

企业文化是企业生产经营管理活动中所创造的具有本企业特色的精神财富和物质形态，它是企业自身经过长年累月的积累，在不同的历史情况下对所有行为的一种总结，它是企业的灵魂，能够引导员工的行为，使员工朝着企业希望的发展方向前进。企业文化是一套企业成员共同遵循的系统，代表着共有的价值观，规范着大部分成员对外界的一致观点、看法与反应模式。

（一）能不能在创业初期就开始建立企业文化？

作为新创立的一家公司，你的第一步必然是"打造一个比现存产品胜过十倍的新玩意儿"；如果你的产品只比既存的模式好一点点，那代表你没有把消费者的移动成本给考虑进去，你能改变游戏规则的机会就相当渺茫。

如果你能做到第一步，那关键的下一步将会是"征服市场"。如果你有幸能将产品改良十倍以上，那你大概也不会是唯一一个想到的，"抢得先机"将会是你制胜的不二法门。因为抢走一家新公司的新客户，难度远远高于抢走一家旧公司的旧客户。

如果上述两步你都还没站稳脚跟，你可以先不用把企业文化当成"圣杯"来看待，因为那些关门大吉的公司当中，拥有世界级文化的比比皆是。

那讨论企业文化的意义又何在？以下有三点供你参考：

（1）如果运用得当，文化可以帮助你达成上述两个"企业生存指标"；

（2）如果你的公司持续扩张，文化此时便能保护你所珍视的核心价值，让它成为一个人们都愿意来效力的地方，长远来说，也会有较好的表现；

（3）最重要的一点是，在你与其他共同创办人度过暗无天日的创业历程后，如果你们都没有找到自己想要的工作氛围，可能连这些创办人自己也都想离开了。

（二）建立企业文化，不能说成是建立"新宗教"

当我们在谈"公司文化"这个词的时候，我们不是在讨论情感因素、设计风格、福利制度等方面，我们所指的"文化"主要是以下列三点为核心：

（1）能和你的竞争者做出区别；

（2）须坚守营运的基本核心价值，比如顾客至上或做出更好的产品；

（3）帮助你判断员工是否能融入环境并达成你的目标。

虽然经过调查，那些较为成功的企业，都有一种独特的"怪咖狂热文化"，但我们认为创造一个"新宗教"的说法，只能算对了一半。

重点应当在于"价值震撼"（Shock Value）这档事上，只有"震撼"才能创造话题，并打破习以为常的惯行，让人们思考你真正的言下之意为何，并在认同后投入你所默认的价值当中。以下用两个大家比较熟悉的例子为证。

1. 亚马逊的"门板办公桌"文化：省钱只为追求顾客满意

首先，从用门板当桌子的亚马逊网络书店谈起。这家公司到现在都还是这么做，自己到大卖场采购门板回来装上桌脚，这当然不符合人体工程学，也跟这家公司的身价不搭调，难道这家公司的人都是木匠兄妹吗？当然不是。

他们要传递给你的信息是，这家公司愿意省下每一分钱来达成他们预期的使命：追求顾客满意，如果你认为在门板上工作很蠢的话，那表示你不适合在这家公司效力。

2. Facebook 的公司文化是建立破坏大队

Facebook 的创办人 Mark Zuckerberg 的格言是"Move fast and break things"（快速前进，狂搞破坏）。说真的，Mark 的意思真的是要搞破坏吗？不！仔细深思，快速前进的创新，必然不能达到尽善尽美；在天平的两端，他们选择了"快×新"，这可能会搞砸一些东西，但是他们愿意承受后果。也就是说，如果你觉得东西要做到最好才推出市场，那表示你和 Mark 兄道不同，不相为谋了。

我们都认同，带狗狗来上班以及每个星期三的瑜伽时间可以提升工作动力并增进同仁情谊，但这些都不是我们所讨论的文化；这些活动背后你所认同的价值是什么才是我们所提到的"价值震撼"（Shock Value），能把人带入更深的思考与更深度的诉求，那才是所谓的"企业文化"。

二、建立最关键的人脉

（一）近亲不如远邻：最关键的人脉是不熟的朋友

俗话说，"社会关系就是生产力"。人脉在现代社会尤为重要。不管你喜不喜欢，有时候总要依赖各种关系才能把事办成，求人未必可耻，孤独未必光荣，"关系"是一个正常的现象。也许在很多人眼中，建立有价值人脉的关键是寻求一种比较亲密的关系，比如"一起同过窗、一起扛过枪"，但社会学家们却恰恰不这么认为。著名社会学家、斯坦福大学教授 Mark Granovetter，曾在 20 世纪 70 年代研究了在波士顿近郊居住的专业人士、技术人员和经理人员是怎么找到工作的，并把研究结果作为他在哈佛大学的博士论文发表。Granovetter 找到 282 人，从中随机选取 100 人做面对面的访问。结果发现其中通过正式渠道申请（比如看广告投简历）得到工作的不到一半。100 人中有 54 人是通过个人关系找到的工作。

当宅男宅女们还纠结于简历怎么写才好时，一半以上的工作机会已经让那些有关系的人先拿走了。所以我们认为靠关系不新鲜，但靠什么关系却是个很有意思的问题。2010 年三个美国研究人员做了一件有点惊人的实验来验证这个思想。他们把 2005 年 8 月整个英国的几乎所有电话通信记录拿过来，涵盖 90% 的手机和超过 99% 的固定电话。这些电话记录构成了可见的社交网络。研究者很难知道每个人的经济状况，但是英国政府有全国每个小区的经济状况数据——你可以查到哪里是富人区哪里是穷人区。这样他们把电话通信记录跟其所在的三万多个小区居民的经济排名对比。结果非常明显，越是富裕的小区，其交往的"多样性"越明显，而且这个结果如果细看的话还有更多有意思的东西。如图 4-1 所示。

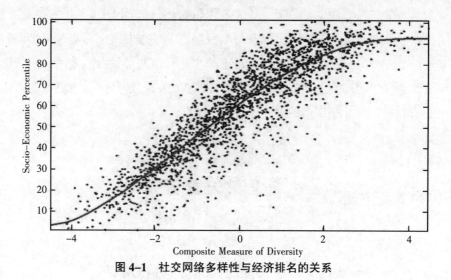

图 4-1　社交网络多样性与经济排名的关系

1. 社交网络多样性越强，经济排名就越高

在统计上我们使用"相关系数"来表示两个东西之间的相关性，它的值在-1 和 1 之间，越接近 1，就表示这两个东西越容易一起变大和变小，负值则表示二者变化的方向相反。这个研究发现，小区的经济排名与其社交网络的"社会多样性"和"地区多样性"的相关系数分别是 0.73 和 0.58。这意味着越是富人越容易跟不同阶层和不同地区的人联络，而且阶层多样性要比地区多样性更重要。正所谓"贫居闹市无人问，富在深山有远亲"。我们设想富人的联系人数也应该较多，因为他们认识的人比穷人多——这也是对的，但联系人数目和经济排名的相关系数只有 0.44，最有意思的一点是，打电话时间长短，跟经济排名的相关系数是 -0.33，也就是说富人虽然爱跟各种人联系，但真正通话时间比穷人短。

2. 助人者，人恒助之

据统计，有近五成的上班族在其转换职场跑道时，是通过"人脉"而成功找到下一份工作的，这也印证了一句名言："在家靠父母，出门靠朋友。"启斯说了一段发人深省的话："很多人等到需要时（如工作）才忙着拓展人脉，但在现实生活中，交友圈最广的人都知道，必须在需要任何事物以前，便开始拓展人脉。"

换句话说，很多靠人脉求职成功的人，他并不是到了要找工作的时候才开始逐一打电话向久未问候的朋友们——补上问候，然后立即询问可能的工作机会。老实说，换作你是接电话的人，你会因为一通莫名其妙的陌生电话就迫不及待点头协助他吗？

（二）真正的人脉藏在不起眼处

在我们与许多职场朋友互动过程中发现，很多成功经理人在谈到他的职业生涯历程时，除却一些技术层面的技巧，通常他们都会谈到在他们这一生中所遇到的贵人，这些贵人有可能只是念书时期一位老师的身影，又或者是人生低潮时适时给予鼓励的友人；更可能是早年时自己不经意的一个小帮忙，到后来却成为工作生涯上的重要推手。这些人脉并不是那么容易被发现，当很多人于向外拓展人脉时，其实，真正的人脉可能就在自己身边。

至于要如何发现这些人脉，主要原则包括：

（1）别斤斤计较，也就是持续施与授的过程，让人脉网络扩大；

（2）保持联系，但千万别寄一堆电子邮件，让别人觉得缺乏诚意；

（3）别自个儿用餐，提高自己的曝光度，无论大小场合。

三、打造企业文化，摆脱成长陷阱

企业经营的要素最重要的有三样，分别是"人"、"财"、"物"。而其中，尤以"人"为最重要的影响因素。因此，人事管理及人力资源的发展及运用对企业来说，实在是迫在眉睫且必须用心去完成的一项工作。对企业来说，关系到公司员工工作士气；公司发展的人力资源对个人而言，关系到每一位员工的前途发展。因此，为了让公司人员稳定，人员离职率降低、员工对公司向心力增加，并提升员工的素质，我们一定要加强人事制度的规定及强调人事部门的运作功能。

中国台湾地区的智谷网络在经营上的转折点发生在2003年。那年春天，"SARS"引爆全台恐慌，景气急冻，公司营运走到自2000年网络泡沫破灭后的谷底。在业绩下滑与生命安危的双重夹击下，面对惶惶不安的人心，公司决定开始建立组织的文化与制度。在最坏的时刻，不急着冲业绩，却决定塑造公司文化，有一个很重要的原因，那就是发觉公司陷入了"企业成长的陷阱"。

（一）马上得天下，不能马上治天下

企业在草创期的时候，就带着一群志同道合的伙伴出来创业。当时员工没几个，即使没什么管理也没关系，因为大家对未来都有共同的目标和企盼，只想把事业做起来，甚至每天在公司打地铺也不以为苦。

不过，当公司成长到二十几人的规模时，没有规范的管理，就开始出问题了。最主要就是，领导者已经没办法再用个人魅力去激发每个人行动一致了。起初，还以为是因为组织变大，新成员的素质参差不齐，所以在工作的承诺与动力上不如自己的预期。后来才明白，这原来是创业者在公司管理上最大的危机，正所谓"马上得天下，不能马上治天下"，公司能否永续经营的关键，不在于开创最多业绩，而是企业治理能否从"个人魅力领导"进阶到"制度管理与企业文化"，如此才能维系每个人对公司的向心力。

很多人都说，员工做事常常得过且过，但据我们研究表明，想把工作做好的人远比我们想象的多很多。即使成员来自四面八方、工作的理由不同，但是想要做出成就感的欲望都是一致的，因为所有人都渴望"人生价值实现"。但是，有成就动机却未必表示有明确的人生目标，因此每当陷入茫然时，很容易就丧失动力。这时，领导者如果能适时地带领大家走向对的方向，或许就能燃起每个人的动力。而要做好这点，"企业文化"正是关键。

所以我们建议在塑造企业文化时的首要任务就是建立愿景，也就是确立整个组织"文化的底蕴"，让每个人都清楚自己的使命。比如教育事业，"传播知识，造福人群"是认定事业的宗旨，唯有将此信念传达给员工，才能激发每个人在"做完工作"之外"更要做好"的决心。

让每个员工都能"勇于说出自己的意见"。一般企业主的行事风格应当是："任何对我个人的意见，绝对不会影响到你在公司的发展。"因为，当别人没办法与你说真话，风险其实是最高的。当所有人都知道问题在哪儿，却没人愿意和你说，不是很悲哀吗？

确立了公司的宗旨之后，接着开始把一些事情变成"仪式"，而且做法上也逐年有所调整：最初是"老板说了算"，直接宣布明年的目标；之后演变为"高阶主管参与"、"中阶主管、基层主管参与"，直到开始实践"全员参与"，也就是由全员一同制订年度计划与来年愿景。

（二）全员参与，共同订定组织目标

所谓全员参与，就是将所有员工划分为不同的工作团队，让大家一起讨论议题、做决策。而制订年度计划的过程通常是这样的：先回顾今年的整体表现，点出今年没做好的事情；接着找出还有哪些外部的机会、威胁和方向；并通过各种海报或传单进行整理与分享；最后再进行讨论，决定出几个方向。

若纯粹以过程来看，会觉得真是工程浩大，时间上也不见得划算；但从另一角度来看，要是大家可以借此进行深度的沟通与分享，让彼此对目标的共识更明确，也更有参与感，对未来目标的落实绝对会更有帮助。毕竟有些事情若前期沟通工作没做好，事后一样得花时间来做，而且往往效率更差、落实程度更低。做好文化塑造和全员参与，投资报酬率绝对比想象的高很多。

在组织最低潮时着手打造新的企业文化，在接下来 3 年间，公司产值竟增加了约两倍半。背后的原因，我们认为最主要的就是"大家的承诺水平和以往完全不一样了"。

一项工作或任务"能不能让大家同意"与"大家同意后会不会去做"完全是两回事，这之间的"动力"差别很大。"认知"是很奇妙的事，当大家有了共识，力量是很大的。有时候，就算主管的想法再怎么高瞻远瞩，若没能形成共同的认知，它还是零，不管是学理或经营上，再好的意见都不会产生力量。

（三）建立自己的品牌

过去，我们常在自己的专栏上提醒大家，经营自己的品牌形象对于工作生涯有很大的帮助。换句话说，并不是只有公众人物才需要讲究形象与包装，你的工作态度、专业背景与交友方式都会决定你的个人品牌，懂得经营自己品牌的人，别人会因为你的良好形象而愿意主动接近你，这也是另一种积累人脉的方式。

在人脉上"贫穷"的人，很容易就会被摒除在互助的圈子外；一个在人脉圈中屡有收获的人，他一定是一个大方无私的人，他才能在工作与生活上，继续走长远的路。如果你还不太懂得如何经营自己的人脉，本书绝对是最佳的人脉学习宝典；如果你已经清楚人脉要如何经营，相信本书可以助你更上一层楼。

人脉网络的运作方式，就像是好莱坞想出名的人一样，缺乏"新闻"是比失败更糟的情况，这表示你必须随时向外接触他人，利用早餐、午餐……任何机会，也表示如果某次会面不顺利，你本周还有六次类似的机会等着你。

切记，拓展人脉时，最重要的就是绝对不能消失。要让你的社交、研讨会、事务的行程满档，刚开始投入人际圈崭露头角时，必须努力提高自己的曝光度，积极参与不断拓展的交际圈。

我们常常见到这种有决心毅力的典范，由于我们自己的出身背景使然，让我们特别景仰出身卑微的成功人士。我们有一位朋友是出身于中国台湾地区中部蓝领阶层家庭的执行长，他的父亲担任过四十多年的农工，他会告诉你，他不是在座中最聪明的，也没有名校的学历，他的成就没有家庭背景可以依靠，但如今他是业界最受敬重的执行长之一。他的成功秘诀并不复杂，就只是努力下功夫而已，每天至少和五十个人交谈，每周花好几个小时巡视公司的各分公司与部门，与上上下下的员工交谈。如果你寄给他或他的助理一封信，保证几小时内一定会收到回信。他将成就归功于父亲灌输给他的蓝领阶层工作态度及敏锐度。他有一次向我们提到有关他那些白领阶层出身的同事，他说他学会这些人所了解的，但这些人永远也没机会学会他所了解的事。

想要拓展人脉，必须努力才能成功，但这并不表示你就必须长时间拼命做，两者是不同的。有些人认为建立人脉需要每天十八个小时，不断地埋头于会议及电话中。如果我们也这么一股脑地做，疲于奔命，或甚至自己有这样的感觉时，就表示我们做得不对，至少做得不好，或是我们入错行了。拓展朋友与同事的交际圈，是要建立人际关系与友谊，应该是很有趣的，不会感到费时。当你规划了人脉网络、订好目标，就会发现一天有好几个小时可以投入需要完成的事。

一周内我们如何与想见的人碰面？有人曾经对我们冷嘲热讽地说："企业家或学者需要有好几个分身才足够参加或参与的每场会议。"我们回他："你只对了一半，我们不复制分身，但我们复制场合。"重点是，我们随时都在找机会将别人一起拉进我们的活动，对他们、对我们都有好处，有助于每个人拓展自己的交际圈。有时候我们会邀请潜在的员工一起去运动，顺便在过程中面试。偶尔我们会请一些员工和我们共乘一部车去机场，顺便在车上开个临时的会议。我们一直想办法利用这种多任务并行的方式把一天当三天来用；而过程中，我们也将自己人际圈内不同区块的人物串联起来。联系的关系越多，就越有机会建立更多的新关系，诚如以太网络（Ethernet）的发明人罗伯·梅特卡夫（Robert Metcalfe）所说的："网络的价值随用户人数的平方等比例成长。在互联网的例子中，每新增一台计算机、一套服务器、一位使用者，便进一步拓展网络内原本参与者的一切可能性。"同样的道理也适用在人际关系上，人脉网络越宽广，魅力越大，成长越快；这也是我们说人脉犹如肌肉的原因，越锻炼越发达。

这样的场合复制方式，也是让聚会更有意义的方法，如果我们对要碰面的人并不是那么熟悉，就可以邀请熟悉的人一同与会，避免虚度时间。接受指导的学员对于这种场合尤其兴奋，对他们来说也是很好的学习机会，让他们可以和我们一起曝光，有机会见识商场的运作，而我们也尽力完成当初会面的理由。在大部分的情况下，他们最后也对会议有些贡献，别轻忽年轻人提出创意见解的能力。当你尝试这类活动时，请特别注意人与人间的契合度。你注意到谁能和对方处得来吗？这并不表示与会的每个人都必须有相同的背景或敏锐度。事实上，巧妙结合不同专业与个性的人士，反而可以呈现一场完美的聚会，要相信你的直觉。

我们常常采用的测试方式就是自问，我们自己能不能乐在其中，如果答案是肯定的，几乎就是一切都行得通的好预兆。你最近有邀同事一起共进午餐吗？何不今天就找他一块吃个饭，顺便也找公司其他部门或其他业务相关人士一起加入。

四、实务分享

案例 4-1　痞客邦

痞客邦（Pixnet）创办人暨技术研发总监朱皇韦说："要鼓励员工创新，最重要的就是能让人感受到公司会动、会成长，员工的热情、敢拼、有想法则是创造会动公司的元素。"根据 Alexa 排名，员工平均年龄不到 30 岁的痞客邦高居中国台湾地区排名第七大网站。"如果公司一直在做重复的事情，是没有办法留住人才的。"例如：曾有痞客邦的用户，最大的兴趣是逛网络，找各网站的缺点回馈给各网站经营团队，后来痞客邦邀请对方加入成为正式员工，将兴趣转为工作，痞客邦也持续提供成长机会，如今，这位员工已经是痞客邦最有经验的 QA 工程师，任何新产品、新服务上线，都要经过他测试通过。此外，痞客邦也努力建立鼓励创新的企业文化。例如：在内部推动 Idea Pool 的机制，任何员工都能提出创意，公司把创意搜集，分派资源去实践完成。朱皇韦认为，年轻员工经常会提各种创新做法，但当下因为各种考虑，未必马上就会被采用，久了大家就忘了，有了 Idea Pool 后，等于是一个创意平台，员工除了可以上去提创意，也可以上去认领创意，经主管同意后去实践执行，如果表现优异，可以获得奖励。

案例 4-2　人脉

我们可用如下四大法则建立人脉：

L（Line）职业：首先需要先找出对方的职业，或许会觉得很容易，因为他们的名片几乎已经载明。不过，你需要做的是深入了解他们的工作内容，而非职称。因为难保未来他的工作内容可以对于你的事业有极大的帮助。

I（Interest）兴趣：若你想建立关系的人，你已经确定他将是你很重要的利害关系人的时候，那你需要与他建立更强的联结，而这个方法就是从他的兴趣下手。在初次认识之时，你需设计几个看似不经意的问题问出对方的兴趣。当然，要根据场合做些说法的变更，才不显突兀。

N（Need）需求：即为对方创造价值，找出对方的需求何在，对于建立人脉很重要。要能抓住你能为对方做些什么这个要点，那么对方即会重视你这个人，因为他会感觉你似乎有机会成为他事业上的利害关系人，如此就不会只是单纯递交名片给你，他将会对你这个人有印象。抓住对方的需求，建立互相的合作关系，对于日后的合作会有极大的帮助。但前提当然是你已经做好了上述的了解职业和兴趣两个大步骤，你只要能做好前两点，相信挖掘出别人的需求不是难事。

K（Know）认识：将建立人脉合作关系极大化，即为能做到将双方所认识的人脉网络以及知识链接起来。只要做到前述三点后，对方应该会将你视为他重要人脉的一环，因此会乐意与你交换他的信息以及人脉，如此一来你将不只是认识单一个人，而是包含了他所有的人脉。

用此四大法则"LINK"建立人脉十分快速，他将使你积累人脉的速度从"点对点"变成"点对面"。唯一需花心思的地方为建立一套属于自己的对答询问话语以及能快速地针对场合调整。

案例4-3　中强电子

"两岸青年创新创业高端论坛"上，中国台湾地区中强电子公司董事长陈明德在现场接受凤凰网专访，分享他创业的经验和人生阅历，他认为创业首先要有爱，其次要执着。企业应该给员工营造家庭式温馨。

陈明德从事科技产业，知道科技业的毛病在哪。他认为科技不是盲目地追求，如果没有人文垫底，科技只是过眼云烟。在他的公司（电子科技类公司），会给员工营造家庭式的温馨感，整个公司像一个大家庭。作为董事长，他自己洗杯子。这让很多人奇怪，怎么自己洗杯子？被服侍了二十几年的人，怎么下来什么都自己做？陈明德则说，"总裁为什么不能洗杯子啊？这样员工跟我们之间就没有隔阂。假如我们仅仅嘘寒问暖，是不是真心的？当然是真心的。但有时别人会说这个老板好假，光嘘寒问暖有什么用？我们得把他们看成家人一样。"因为有这样的氛围，陈明德的公司 21 年没有人离职。

他特别提到公司现在的副财务长，因为日本丈夫虐待，一个人带着孩子回到中国台湾地区找工作，四处碰壁，最后陈明德留下了她。"21 年来，整个财务管得好好的，孩子也养大了。孩子每次过年过节到公司来，我们都要包红包给她。塑造这种家庭式的和乐气氛，对一个公司非常重要。"统计显示中华人民共和国（不含港澳台）创业成功率只有 3%，由此，是否意味着现在人创业机会更少？对此，陈明德并不这样认为，在他看来江山代代会有人才出来。但他认为创业有一点很重要，那就是人脉，"全世界都一样，人脉就等于钱脉，就等于经脉，所以多多去交人脉。"而人脉的形成则需要积累，因此，在他看来，年轻人可以不必急着创业，"是不是可以先工作，等到工作差不多了，但此时又觉得不创业就会死了，不甘心一辈子领薪水了，再去创业。这样，基本的人脉也有了，同时也有了一定的经验。"他还提醒创业的人，创业的时候不要一头钻，还要选对行业，要有前瞻趋势。创新的真谛在于让别人生活更舒适。除了人主观的能力，创业环境是不是也很重要？有人认为美国创业成功率高，很关键的一点在于他们有一个好的试错机制。

陈明德则认为环境是人塑造出来的，而我们的传统文化或许可以提供借鉴。"我们要把文化背景建立起来，就是企业家赚了钱，要懂得回馈社会，叫企业社会责任。多发明一点使人家生活更便利的东西出来，价格又便宜，这个是企业家的责任啊。"他现在有一个新发明叫作 LED 灯，并且推行一项"非洲一盏灯"的计划。通过锂铁电池将太阳能转化的电储藏起来。这样非洲的孩子们白天可以在学校充电，然后晚上带回家，全家可以用一个晚上。企业一定要有爱。创新的真谛是要让人家生活更舒适更便利。

案例 4-4 乐天

中国台湾地区乐天总经理江尻裕一最为外界所知的，就是推动英语化创新之路，过程甚至被选为哈佛商学院个案研究。江尻裕一指出，因为日本市场长期经济不振，让乐天成长受限，进军国际势在必行，乐天计划在 5 年内将网络服务拓展到 27 个国家，"成为全球企业的障碍是语言问题，让乐天国际化脚步变慢。"克服语言障碍，也因此成为乐天成长与创新的关键。

乐天在 2010 年 5 月开始实施全英语化计划，希望利用 2 年的时间，在 2012 年 7 月全面英语化，连日本人与日本人在内部的正式对话都要使用英语。江尻裕一指出，刚开始，这在日本是被视为很疯狂的计划，甚至有企业大佬投书媒体表明不看好，或是部分员工以为这是公司实施人力精减的婉转做法。

乐天靠建立内部大家学习英语、提升英语能力的环境来克服阻碍。例如，以各部门英语趣味竞赛的方式提高员工兴趣：或是让员工知道，公司持续成长的过程中，员工能力也必须持续成长，其中就包括英语能力。经过一番努力决心，乐天员工平均多益分数从 526 分提高到 697 分。这样剧烈的创新改革，不只是员工英语能力提升，更重要的，是乐天因此成为全球性公司，得以进军海外市场，吸引全球人才加入。因为克服了语言障碍，也让内部员工接受海外轮调的意愿从 25% 提高为 41%。

因为勇于改变，不仅让乐天顺利进军各国市场，也进一步激励了员工的竞争力，为企业提供了更多生力军。

第五章　创新力　发掘客户需求　创造商机

面对全球化竞争，占中国台湾地区企业总数逾九成的中小微型企业该何去何从？我们认为，创新思维是制胜关键，技术人才是最大挑战。全球化浪潮势不可当，在各国竞相洽签双边或多边自由贸易协议赛局中，祖国海峡两岸的中小微型企业发展必须要有创新思维。

一、技术创新与创新技术

据统计，2012 年中国台湾地区全部企业家数有 1337890 家。其中，中小微型企业有 1306729 家，占全部企业家数的 97.67%，较 2011 年增加 26945 家（或增加 2.11%）。如图 5-1 所示。

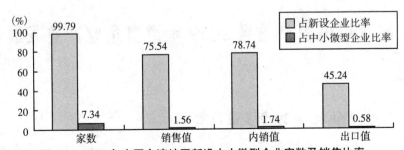

图 5-1　2012 年中国台湾地区新设中小微型企业家数及销售比率

资料来源：整理自中国台湾地区"财政部"、财税资料中心，营业税征收原始资料，2012 年。

我们认为，祖国海峡两岸的中小微型企业多以独资为主，在资源有限的情形下，应思考有别于以往的配置，如通过云计算增加上、下游互动，减少客户开发的时间成本；或通过结盟或产业合作等方式，提高知识经济卖点。我们同时看好，未来两岸的中小微型企业可善用中国台湾地区细腻的经营优势，投入在新领域的生技、精致农业、服务业（尤其是文创产业的软实力）等多领域的整合。中小微企业应聚焦于关键的核心能力，因为专注才能持续在核心技术与服务上创新，通过成功与失败经验的养分，调和公司的目标与愿景，以建构公司永续成长与市场领导地位。

公司必须进一步运用自己在核心领域的专注与深度，将全球化当作杠杆，输出产品（服务）与扩张企业的规模，进一步维持与扩大市场领导地位。

《孙子兵法》曰：不战而屈人之兵，乃上策也。技术创新"跟着走"便是不战而屈人之兵的上策。近年来，中国台湾地区一些企业在技术创新中，也开始使用这一策略。日本索尼公司在不久前曾向外界公布了一个秘密，带给我们很多启示。过去，索尼在研发上投入很大，但往往只开花不结果，花了九牛二虎之力将新产品推出后，别的公司却每每已经掌握了相关技术，所以，索尼公司成了"冤大头"，为他人做嫁衣裳。为此，索尼公司改变了策略，紧跟市场，待别人推出新产品后，索尼马上研究其不足，通过进一步的技术创新，开发并迅速推出其第二代产品，在性能、价格、设计等方面都优于对方的第一代，技术创新和市场竞争效果"青出于蓝而胜于蓝"。显然，这种"跟着走"的技术创新策略是相当巧妙的。它所具有的"螳螂捕蝉，黄雀在后"的市场竞争力也不言而喻。

二、解读中国台湾地区 2020 年微型企业产业发展愿景

（一）六大领域与 29 个关键技术

中国台湾地区选出了六大领域（即：生物科技、前瞻材料、新兴能源、半导体、新兴资通信、综合领域）与 29 个关键技术群组，并针对重要性（Combined Importance）与风险性（Combined Risk）进行定位。

表 5-1　2020 年中国台湾地区关键技术领域与群组

领域	关键技术群组	数目
生物科技	支持预防医学及个人化医疗的分子层级诊断方法 新兴感染症的管控 老化疾病相关的诊断及治疗 农业生物科技	4
前瞻材料	纳米材料与应用 智能材料与应用 先进电子材料与组件	3
新兴能源	化石能源的洁净转换与污染防治 次世代太阳能源 绿色车辆 高效率能源装置 先端燃料电池	5
半导体	高度整合芯片 次世代半导体制程相关技术 软电技术 次世代操作数件	4
新兴资通信	辨识与翻译技术 智能型企业运算 网络多媒体 宽带通信 智能运输系统 数位家庭	6
综合领域	无线技术 分布式医疗保健系统 先进显示系统 永续建筑 机器人 环境与资源管理 精密机械技术及设备	7

资料来源:《2015 中国台湾地区产业发展愿景与策略 2008 版》

案例 5-1　立志成为世界级的数字医疗诊断专家

产品：医疗光电影像诊断器材

专注于提供微型数字化医疗影像诊断器材的全方位解决方案,整合既有资通信与显示产业价值链和国内先进的医疗临床技术,研发与设计出创新型"医疗影像诊断与监测系统"相关的中高阶商品,并与中国台湾地区整体供应链分工合作,专注地开发全球市场。目前的产品包括但不限于数字眼底摄影机、数字皮肤镜、数字耳镜和数字检查镜等,将广泛地应用于全民健检、远距医疗和老人照护等新兴医疗服务市场。此微型数字化医疗器材和整合型服务将会有效地提升医疗诊断的效率和质量，以及改善医病互动关系。

公司的创立始于 2010 年交通大学——创新育成中心（NCTU IIC），并在 2011 年进驻新竹科学园区。我们的团队来自电子相关高科技产业的工程师及营销领域专业人员，以及在医疗领域的医生和研究人员。公司的使命是提供一个整体解决方案的数字化医疗影像设备，整合医疗光机电模块，研发高技术门槛之数字诊断产品。

此创新型数字医学五官镜组可以进行人体的眼底（如：视网膜、视神经盘或黄斑部）、皮肤（如：真皮层或表皮层）和耳朵（如：鼓膜或耳道）等的数字摄影或录像，并可制作成电子病历，上传云端，方便医生做远程医疗，并进行判读与诊断，将可以取代传统的医学五官镜（无数位摄影和电子记录功能），或是桌上型医学显微内视镜器材。从全球电子病历和远距照护的趋势来看，此微型数字化医疗仪器的出现，将可广泛使用于一般诊所、医美中心、健诊中心以及老人照护机构等，提供相关医师、护理人员、照护人员和小区义工，从事健康检查与记录仪器使用。

积极参与国际医疗展，布局国际营销通路和 ODM 客户经营。

公司也将长期持续地投资在医学产品开发、技术研究和专利布局，随着数字医学诊断套组的系统建置普及全球后，建立影像分析能力，产生电子病历数据库，结合云端技术的处理速度，作为辅助医师做诊断与判断病情的工具，可服务医疗院所与相关研究单位，并同时衍生许多预防医学（包括：全民保健预防与个人健检服务）的商机，提升中国台湾地区在全球医疗器材的技术门槛和新兴市场，成为软硬件产品、模块与服务兼备的公司。

案例 5-2 以研发为导向，以创新为己任

营业项目：光学仪器制造业、其他光学及精密器械制造业、其他化学制品制造业、其他化学制品批发业、国际贸易业、生物技术服务业

盟基生医 2011 年在众人的期盼下成立，并逐渐站稳脚跟，在新产品的注入下，开始有更多的机会接触与联系世界各地的通路商，并以致力于打破人与

科技的障碍为企业理念。产品开发以创新为本，不加入价格竞赛，专注研发。盟基生医结合各领域人才，包含光电、机构、电子、软件设计，提供专业人才的系统整合舞台。以提高产品附加价值为出发点，因此创新是持续进行的使命。有鉴于生物科技仪器设备领域缺乏创新的动能，盟基生医结合消费性产品创新元素，积极注入生物技术领域产品中。

盟基生医的出发点为以分子生物学领域的产品开发为主轴，以期改善使用者不满意的现况。分子生物领域由于全球参与研究的人数众多，因此盟基生医以创新产品切入该领域时，立即获得多数产品用户的注意，快速提升盟基生医 MaestroGen 的品牌形象。除了分子生物学领域的产品之外，盟基生医亦积极投入结构生物学、细胞生物学、病毒学等热门生物科技研究领域的产品创新研发。

盟基生医具有生物背景的市场营销人员与产品规划人员，以及具有消费性电子产品开发经验的研发人员，因此盟基生医很容易可以将消费性电子产业的技术整合到生物科技领域上面，此竞争优势为世界上生物领域的研发团队所罕见的团队结构所独有。盟基生医研发团队所导入的产品研发与工业设计精神，容易获得客户青睐。盟基生医经营理念为秉持科技、服务与创新三大理念，以创造卓越质量与服务，提供合理价位产品，满足客户之需求为依归。经营策略为以下四大方针：

1. 具备核心竞争力。

2. 持续改善与创新。

3. 追求卓越的质量。

4. 达成客户满意度。

专注研发，持续创新，是能够造就本公司核心竞争力的主要因素。因专注研发，故持续进行专利布局，可避免在市场上受到他人技术的牵制，在经营管理上更具备自主性。盟基生医预计用三年的时间让世界各地通路商认识并愿意销售盟基生医公司产品，因此，可预见的，不久的未来，将会是盟基生医逐渐发光发热的时候。

案例5-3 传统产业科技化开拓水下市场新商机

营业项目：无人水下、遥控载具相关水下仪测设备开发制造、水下机电仪器设备与衍生性商品与服务。

"玉丰海洋科仪股份有限公司"的母公司"玉丰螺丝"成立至今已有四十多年的历史，是一家坐落于中国台湾地区中部经营螺丝买卖与精密加工的传统产业制造商。2009年正值中国台湾地区扩大内需之际，创办人张硕文发现环保公司多年来依赖国外水下设备与海事团队，运用潜行载具于下水道管内进行涵管检测，发现中国台湾地区多年来依赖国外水下设备与海事团队，内部竟无人投入海洋设备商业化的开发制造，因而开启了转型及创立自有品牌的契机。

中国台湾地区四面环海，纵然拥有深受世界肯定的机电整合技术与完整的精密机械制造体系，却对水下技术研究不深。以"泰坦尼克号"为例，如何在沉船多年后获取到珍贵信息，此绝非依赖潜水员冒险下水拍摄，而是运用"水下无人遥控载具"，亦即玉丰海科所开发的主力产品"ROV"，同时可依需求搭载机械手臂、声纳系统等配备来进行水下探勘作业。

玉丰海科运用"国科会"先期的学术研究基础在产学合作的平台上进行产学交流。同时以玉丰海科自有技术能量为中心进行系统开发设计，整合精密加工、材料制造、电子/电机/信息相关产业的厂商，提供相关技术资源来完成系统整合作业。此举已成功为中国台湾地区的水下技术产业链建立雏形。目前玉丰海科已自行开发出水下无人遥控载具（ROV）、磁性联轴推进器、水下聚鱼灯、HD高解析水下摄影装置、抗高压LED灯具、水下沉积物收集器、中性浮力电缆、光纤防水接头、卷线器绞机、橡胶防水接头、8500米压力模拟测试舱等产品，并申请多项水下专利进而保护企业核心技术。

从卖螺丝的小公司转型成为中国台湾地区第一的海事设备制造服务商，玉丰海科承担责任与义务，扮演开创者的角色。进驻中科园区后，规划于中科虎尾园区建构西太平洋第一大的测试水槽，提供多元的服务，包括专业潜水人员训练场所、水下科仪设备测试基地与海事工程作业模拟环境。积极参与有关当局正在推动的能源计划，例如离岸风力发电、黑潮发电、潮汐发电、甲烷水合物探勘采集等，以及更广泛的海事工程需求。让中国台湾地区的产、官、学界充分了解此产业之技术特性，将中国台湾地区所自傲之弹性制造、产业分工优

势与高科技群落整合成一新兴产业形态，期待未来中国台湾地区能够架构为
"西太平洋海事设备整合应用中心"，提升我国水下产业对国际的影响力，让世
界看到中国台湾地区对于海洋科技的贡献与努力。

（二）产业重点发展项目

1. 金属机械业

（1）车辆工业：朝智能电动车、电动机车、车辆电子等发展；

（2）机械设备业：朝高阶工具机、高功能控制器、智能型线性传动组件、精
密机械零组件、半导体制程设备、FPD 制程设备、PV 制程设备、LED 制程设备、
智能机器人、智能型自动化产品及设备产业等发展；

（3）基本金属工业：朝高附加价值金属材料、绿色环保金属材料等发展。

①开发研发创新技术，协助升级转型：

● 运用业界科专资源，推动产业研发联盟，促进厂商投入产品与技术开发；

● 建立用户与设备制造者合作机制推动 IC/FPD 产业零组件本土化并推动半
导体产业设备研发交流，结合 End User 与设备厂成立研发联盟；

● 协助业者投入开发新制程及新型太阳光电设备，并导入大型风力发电机
制程与技术精进，整合零组件业者切入国际供应链体系。

②服务整合扩展市场，提升附加价值：

● 协助发展差异化产品，并建构产业研发联盟与供应链体系，以带动产业
发展；

● 推动制造及服务业加值应用，强化传统制造业上下游体系链接，创造产
品附加价值，建构新形态整合服务，带动业者升级启动制造及服务业双引擎；

● 推动智能型自动化整合软硬件与服务及与新兴设备厂商自制能力，以降
低产业成本，提升竞争力；

● 推动关键零部件及系统部件发展，结合零组件相互认证机制，拓展国际
汽车零部件售后服务市场；

● 规划办理中国台湾地区制 MIT 家电主题馆的推广活动，加深消费者对
MIT 微笑标章的认识，有利将 MIT 品牌家电产品营销到海外，使家电产业能推向
国际化。

③建置完善基础设施，创造投资环境：

● 协助钢铁厂向下游厂商整合，并成立产品开发联盟，及建构表面处理产业环境；

● 以订定环保节能减碳标准、推动智慧电动车先导运行、提高消费者诱因、健全友善使用环境及辅导产业发展等作为中国台湾地区智慧电动车产业发展的五大执行策略，以达成智慧电动车上路及普及化，并带动智慧电动车产业升级的目的；

● 建立电动机车整车及其锂电电池组检测标准与检测机制确保民众使用安全，合理补助提升消费者使用意愿及补助能源补充设施完善充电环境。

2. 信息电子业

（1）绿能光电：朝太阳能、LED 等发展。

（2）通信设备：朝智能型行动终端、光纤设备、宽带通信、云计算系统等发展。

（3）平面显示设备：朝大型化 AMOLED 显示器、节能及精简结构显示器等发展。

（4）半导体：超 MG+4C 应用产品及次世代内存、Soc、3DIC 等发展。

（5）智能电子系统应用等发展。

①强化 ICT 核心竞争力，塑造智能生活应用环境，创造产业新蓝海：

● 推动 MG+4C 各次领域的发展，整合全球与大陆市场商机，建立以中国台湾地区为核心的零部件及系统的设计研发中心；

● 推动建立系统整合能量，发展国产无线宽带通信系统解决方案；

● 规划及推动高速宽带网络，以建构智能型基础建设；

● 营造有利新兴产业发展的环境，建构无线宽带、视讯整合应用等新兴产业链；

● 以影像显示产业面板厂为核心，推动产业联盟整合，并促进跨领域产业联盟合作；

● 进行先进显示技术研发，扎根下世代显示应用；

● 推动信息硬件产业发展新兴应用，与智能生活应用服务、数字家庭、数字电子广告牌等相关应用积极结合；

● 强化产业信息运筹能力，推动云端创新应用服务，健全产业环境及基础设施，推动中国台湾地区成为亚太信息运筹中心；

● 建立智能型手持装置产业的优质产业环境，以发展特色应用手持装置及建立关键模块解决方案双主轴策略，培养中国台湾地区成为智能型手持装置的全球创新与设计中心，以及世界级的领导者。

②加速整合机制，迈向数字汇流新世代：

● 结合文化创意原创素材、数字科技及资通信硬件平台，加速产业价值链形成及跨业整合平台机制的建立，进而衍生出数字汇流内容的创新营运模式；

● 鼓励开发具有国际市场性的优质产品或服务、推动跨平台智慧终端应用服务及跨业共同制作项目，扩大产业投资及促进就业。

③强化国际合作与两岸分工：

● 强化产业国际交流与合作，深化国际信息大厂与中国台湾地区业者的合作，积极建立产业合作平台；

● 强化中国台湾地区通信产业国际营销，提升中国台湾地区通信产业国际影响力；

● 积极参与国际前瞻标准组织，与世界技术国际标准接轨；

● 建构祖国海峡两岸半导体产业合作交流平台，催生两岸产业合作模式，及塑造更开放的经济产业环境；

● 处理祖国海峡两岸影像产业交流竞合议题，促进祖国海峡两岸产业分工与合作；

● 推动祖国海峡两岸通信产业体系的分工与互补，共同开拓全球市场。

④培育高阶人才，塑造优质环境，发展自主技术，创造附加价值：

● 引进国外我们师资及相关课程，有效提升中国台湾地区 ICT 领域的专业人才素质与数量；

● 运用智能电子产业培训，协助原有半导体或应用领域专业人才发展成为跨领域人才；

● 借助数字内容学院培训，创新人才培育模式，以项目实作方式强化培育专业人才，培育产业多元化人才。

3. 民生与化学业

（1）光电材料：朝绿能、新世代显示器、半导体等使用的新型材料发展。

（2）生技产业：朝高阶医疗器材、生物药品、新药、特色药品、干细胞等发展。

（3）石化产业：朝 C5、C9 链衍生项目、生质材料、应用于绿能、光电、医疗及汽车等高值化石化产品等发展。

（4）食品业：朝机能性食品发展。

（5）纺织业：朝产业用纺织品、机能性纺织品、时尚设计纺织品等发展。

①整合产业集群，发展高附加价值产品，提升产业竞争力：

● 推动石化产品高值化发展，与主力结合，提高产品附加价值，确保石化工业及下游关联产业竞争力；

● 推动石化产品高值化发展，与主力产业结合，提高产品附加价值；

● 补足关键材料的缺口，推动材料上中下游成立产业联盟，进行合作开发，建立本土材料技术；

● 推动国际电子材料大厂技术移转或合资设厂；

● 运用纺织群聚优势及完整供应链与服务，结合文创产业，建立跨领域整合纺织科技产品；

● 结合临床医学优势及国际大厂能量，加速推动医疗器材产业高值化；

● 推动深层海水产业发展，协助开发深层海水加工产品，提高产品附加价值。

②加强专利布局，增加研发投入，发展低污染低耗能技术：

● 提升高分子产品技术能力，突破商品化"瓶颈"，缩短商品化时程及因应国际环保法规，提升产品价值层次，切入全球高值产业供应链体系；

● 健全中国台湾地区生技新药产业价值链，筛选生技新药、人用疫苗、生物材料等重点项目提升其技术研发能量，并建立试量产/量产制造设施；

● 整合纺织产业上、中、下游研发能量，以产业需求导向创新研发，落实研发技术商品化；

● 筛选重点符合健康食品功效的素材，强化保健食品产业的研发能量。

③强化产品设计，推广自有品牌及国际市场营销：

● 导入设计与服务概念，通过客制化服务，推动塑料制品朝多元及集群发展；

● 强化设计、品牌及营销，发展时尚纺织品，建立国际服饰品牌；

● 推动食品 GMP 认证制度确保质量，建立共通品牌的通路优势；

● 发展特色药厂，并参与制药国际分工价值链，拓展药品国际市场。

4. 商业服务业

①完善商业经营环境：

● 进行跨部会协调整合，将商业政策协调及法规松绑视为重要任务；

● 强化商业服务业人才引流、健全财务结构，建置中国台湾地区商业创新知识服务体系；

● 完备电子商务相关法令，保障交易权益。

②发掘未来商业发展契机：

● 鼓励地方政府与业者发展地方特色产业，打造商业发展空间；

● 进行消费者行为转变脉络基础研究，作为发掘商机的思维基础；

● 掌握"产品"、"通路"与"市场"的创意整合设计，导出跨产业新兴业态。

③提升商业竞争力：

● 依据产业创新条例将服务业创新发展纳入政策工具，并拟定服务业研发创新支出抵减的认定办法；

● 鼓励业者投入新服务商品、经营模式、营销模式或商业应用技术的创新研发，启发业者自主研发的意愿，并促成跨领域、跨业别合作，以提升产业竞争力；

● 善用科技能量，增进商业经营管理效率。

④扩大商业经营国际化：

● 以集体行军模式，协助连锁加盟开拓海外市场（含美食餐饮业国际化布局）；

● 加强中国台湾地区对外物流联结的条件与环境，利用台商布局中华人民共和国生产基地的产业群聚与链接的优势，促成中国台湾地区成为亚太物流增值基地；

● 加强国际交流，以建立经贸、投资与技术合作关系。

5. 技术服务业

①提升信息应用与经营管理能力：

● 推动全球运筹整合型信息应用，协助产业创造服务价值；

● 协助产业建构高知识的学习型组织，促进产业终身学习，以沉淀产业智慧资本；

● 推动企业卓越绩效评量制度，提升企业经营管理能力。

（2）辅导传统产业升级转型：

● 配合产业发展政策，加强辅导传统产业的重点产业，鼓励传统产业自主开发新产品。导入设计美学，提高附加价值，强化竞争优势；

● 运用产、学、研既有技术服务能量，提供企业在研发、设计、生产及质量等方面的技术辅导，协助升级转型。

（3）推动技术服务业发展：

● 协助产业运用设计服务及信息服务提升附加价值，推动中国台湾地区产业升级转型；

● 协助设计服务业及信息服务业提升服务能量，带动整体产业发展；

● 协助拓展国际市场，扩大商机；

● 促进智慧财产流通运用，推动建置智慧财产管理制度；

● 协助产业资金筹措，强化资金融通管道，提升业者资本。

（三）整体发展策略

● 增强产业软实力，优化产业结构；

● 面对全球区域经济整合，提升企业国际竞争优势；

● 因应节能减碳潮流，促进产业绿色成长；

● 全面强化制造产业竞争要素，提升附加价值；

● 提升商业创新力，创造服务产业竞争力；

● 扩大经营国际化，开创服务新视野；

● 调整产业人力结构，并兼顾就业。

三、产业技术研发趋向与对象化匹配

（一）发展云端科技——适用对象企业，法人

近年来，云端服务随着技术的精进、建置成本的降低，以及多元应用的实现，成为企业追逐的焦点，并视此为营运制胜的最佳途径。根据市场调查，在中

国台湾地区有 46.5% 的企业都计划在今年采用云端服务，其中高科技制造业占 52.6%、医疗业占 48.1%、服务业占 44.1%、金融业占 42.3% 以及一般制造业占 33.6%。整体来看，一般制造业对云端服务的采用率虽然最低，不过仍旧超过三成，其他产业都有四成以上比例。云端科技纵使效益明确，各家企业未必皆得其门而入，因此为协助企业降低跨足云端的障碍，云端应用供货商纷纷拿出强而有力的云端方案，期使企业加速导入云端应用，从而节省营运成本、提升经营绩效。

"云计算"虽非全新技术，却重新塑造信息产业价值链，开启了以软件及服务为主的竞争时代。云计算这一波发展趋势与变革，对产业与国家产生重大冲击，信息软硬件产业亟待朝高附加价值的软件及服务转型升级；政府与企业（服务业与传统产业）也须从云计算应用提升经营效率。云计算是未来十年信息应用的新主流，各国政府都争相投入云计算政策规划，值此发展初期，机不可失。

鉴于此，中国台湾地区信息产业可由具备云计算技术自主能力，升级转型成为提供"云端系统、应用软件、系统整合与服务营运"的技术先进国。通过本方案的执行，中国台湾地区将可运用云端新科技，创造智慧好生活，迈开大步。因考虑市场各种应用需求与国际产业技术竞争等成效检讨因素，云端发展方案从"推动民众有感应用"、"奠定系统软件基础"、"发挥绿色节能效率"、"落实云端基础建设"、"建构创新应用之开发能量"5 个方面进行调整，以民众有感的云端应用带动云计算产业发展，并以云端开发测试平台作为政府部门及云端软硬件业者之间的供需整合管道。此外，订定云计算计划评估原则，以"价值"及"产值"为各个计划规划与执行的具体目标。

云端方案的推动做法，从供给面、需求面与治理面三大发展策略措施着手：

1. 供给面：提出全方位、高度整合 C4 产业生态链的发展策略，重点措施包含：发展云端系统与经营数据中心（Cloud）、发展云端应用软件（Commerce）、持续推动宽带建设（Connectivity）、创新研发云端装置产品（Client）、推动云端系统测试研发及运用政策工具导引产业投资与转型。

2. 需求面：提出推动云端应用（G-Cloud）的发展策略，重点措施包含：推动电子多元云端应用以及进行典范移转与外部输出。

3. 治理面：成立"云计算应用与产业发展指导小组"，由委员担任召集人，全方位协调、统合与管理执行本方案；另成立"云计算应用与产业推动办公室"，协助国内业者参与云端的建置计划，并累积系统建置整合能力，以建立云计算产业链与推动云计算应用的重要的任务。

（二）深耕工业基础技术——适用对象制造业

运用相关科技项目计划之推动，全力支持产、学、研各界投入工业基础技术扎根及工业基础技术人才培育等工作，期能鼓励各界以"精益求精"的精神长期扎根工业基础技术的发展，以增强中国台湾地区创新底蕴、奠定创新根基，进而全面提升中国台湾地区产业附加价值。以高共通性、高技术挑战性、高经济影响力和潜在市场应用广泛"三高一广"之原则进行筛选，初步选出高效率分离纯化与混合分散基础技术，高性能纤维与纺织基础技术，高效率显示与照明基础技术，全电化都会运输系统基础技术，高阶制造系统基础技术，半导体制程设备基础技术，高阶医疗器材基础技术，绘图、视讯与系统软件基础技术，高阶量测仪器基础技术以及通信系统基础技术等十项技术作为先期推动之工业基础技术项目进行深入开发。发展策略就是鼓励产学研各界针对前述十项工业基础技术投入研发，通过深度研析其既有产品，找出其所欠缺的工业基础技术进行长期深耕，期能持续提升中国台湾地区工业基础技术能量、培育及引进优质的工业基础技术人才和建构中国台湾地区工业基础技术产业价值链等目标。

（三）传统产业技术创新推动做法——适用对象微型或转型企业

联结产、学、研各界能量，化被动为主动，提供多元化关怀辅导资源，协助传统产业技术发展与升级。传统产业加值转型推动计划：借助法人研发能量协助传统产业加值转型，选定辅导包含金属家具、化工机械设备制造产业、印刷设备产业、机械传动设备制造产业、游艇产业、家电产业、纺织设备制造业、厨具产业、陶瓷制品制造产业、食品制作机械制造产业、游乐机械设备制造业、自行车制造业 12 项产业。另针对建材产业推动结合创新经营模式，办理开创新应用、新通路与新示范场域。

学界协助中小微企业科技关怀计划：导入学界丰富的研发能量，以项目为主、个案为辅的双轨并进模式。项目辅导：由学校筹组团队协助产业集群，以项目计划发展区域特色产学价值链合作；个案辅导：由学校教授以"一对一"的方式免费担任中小微企业顾问并进行为期最长六个月的企业诊断辅导，协助中小微企业研提政府相关研发补助计划，带动产业转型升级。

地方产业创新引擎计划：整合法人研究单位，以专责认领县市机制，协助各县市潜力产业与集群成立研发联盟，发挥群聚加值效应，辅导并协助企业研发、政府研发补助计划，达成产业升级转型、活化并带动区域经济发展之目标。

产业技术服务中心：于工业区成立的"产业技术服务中心"，采取跨法人联合服务模式，由研发法人机构所共同组成特色产业服务团队，视业者需求纳入传统产业创新联盟、学界及其他法人能量，建构完成特色产业科技关怀平台，协助传统产业创新价值，推动特色产业形成产业集群并转型升级。

（四）生技产业起飞行动——适用对象生物技术产业及相关服务业

以商品开发生命周期管理导向与建置创新服务导向模式思维，针对药品及医疗器材，在研发成果产业化、整合育成、创业投资及法规环境方面，持续强化已建构之体系机制与技术基盘，促成产品成功案例与创新服务。

（1）持续强化中游研发机构药品转译研究能量。

● 抗体药物研发核心技术平台建置及支持服务；

● 上游学研界药品研发成果临床前转译加值研究；

● 生医桥接推动产业化，协助技术市场评估、专利策略及技术商业化，以促成学、研与产业之联结与合作。

（2）医疗器材产业化推动。

● 持续强化医疗器材快速试制中心，建构医材试制核心能量，并强化商品化整备平台，进行商情研究、专利地图分析与产品定义；

● 高阶影像医疗器材核心技术平台建置；

● 微创手术设备及医疗机器人核心平台建置。

（五）新世代无线宽带通信技术与应用发展——适用对象网络相关产业，如通信 IC 设计、智能终端、通信设备及系统整合等厂商

推动由产业需求出发，到技术产业化的科专发展策略，强化新世代无线宽带通信关键技术、系统整合及应用实证，同时致力掌握国际通信标准脉动并布局关键智财。目前发展多项关键技术及系统服务，重要成果包括：全球首创行动宽带高铁通信系统整合与应用服务、创新云端智能化行动视信监控技术、国际领先视信编译码技术及 B4G 轻局端系统技术；并在 3GPP 与 WiMAX Forum 等国际标准

化组织贡献提案，进行超过百项提案获接受，持续布局智财，带动开发自主通信系统技术，补足通信产业链缺口，进而促进无线行动宽带通信制造形态转型成为高附加价值智能型产业。

（六）车载资通信产业技术研发与应用推动——适用对象 ICT 产业、车辆产业、应用服务产业、智能运输系统产业

（1）提升产业技术能量：以技术创新、标准接轨、提升整体产业技术能量。

● 研发"车联网与智能移动开发系统"，依 SAE（Society of Automobile Engineers）规范，发展网络应用签章管理系统、云端隐私数据同步技术及车身信息汇流架构，完备车载应用安全管理。另研发 Rule-based 旅运排程算法与导览规划引擎，并整合多元公共运输实时信息，以大众运输结合智慧（观光）旅运。

● 发展"V2X 智慧行车辅助应用"，开发协同式行车影像侦测技术，突破传统图像处理的限制，提高侦测的准确率。并开发车载通信验证技术，缩短厂商商品导入市场之时程。另发展完整双向实时车路信息交换平台，提供路径导引与路口安全预警功能，以车路信息通报系统带动交管系统服务智能化。

● 协助产业参与国际示范场域与标准制订，了解国外市场发展先机；制订产业标准，活化市场机制引领质量提升。

（2）促进智慧车辆发展：以整车整合平台，提升产业建构 Tier1 系统供应能力，建构 Tier1 系统供应能力，促进应用整合发展。

● 开拓系统整合市场：强化跨领域系统整合（硬件 +软件+应用服务）完整能力，以整体解决方案模式，扩大国际市场。

● 建立云端便民服务：运用国家建置 Open Data 等服务，带动建立各类型之创新便民应用。

（七）节能电动化车辆关键模块技术——适用对象车辆产业、电子电机产业、应用服务产业、资通信产业等

以自主电动商用车为整合验证平台，开发自主化电动化车辆系统模块与关键技术，协助产业进行电动车体结构轻量化、电力与电能、电动动力与传动，以及电动附件系统等电动化车辆之关键零组件技术研发与产品化工程，并支持产业进行 β-site 车队运行、运行服务与环境建置，促成电动化车辆之整车厂运用自主关

键零组件及零组件厂进入国际电动车厂供应体系。

1. 节能电动化车辆关键模块技术开发

（1）高效率马达与驱动控制器。

（2）延距型复合动力系统之传动组件与整合。

（3）动力系统音质之量化与分析。

（4）增程序启动发电系统。

（5）xEV 系统之多模式电力系统。

（6）双向车载交流充电系统。

（7）低耗能高效率电动空调系统。

（8）高载重电动辅助转向系统。

（9）车体结构之高强度钢化车厢与铝合金化钣金件。

2. 平台整合与验证，以电动商用车为整合与验证平台

（1）车辆平台之能源效率提升。

（2）平台与系统之验证技术与能量。

（3）整车诊断系统。

（4）车队实验运行与营运模式发展。

（5）汰役电池整合转用，以及汰役电池整合服务系统与营运模式之发展。

技术创新"跟着走"虽然是条快捷方式，但也并非是一蹴而就的易事，它要求"跟着走"的信息一定要灵，动作一定要快，否则，就会跟不上。中国台湾地区的手机，也曾采取在发达国家同行后"跟着走"的技术创新策略，由于在跟踪的过程中犯了大公司病，反应迟缓，动作不快，结果产品出厂时已接近市场饱和点，致使事倍功半，留下了长久的遗憾。这一教训十分深刻，小微企业在实施"跟着走"策略时应该认真吸取。

四、智慧财产管理

我们认为长久以来，无论中国台湾地区教育体制与大环境，还是祖国大陆的应试教育体制，对于创造力的训练都显得非常欠缺，尤其在学校中很少教导青年学子如何"发明创作"与"保护应有的权益",进而创造"经济价值"出来。其实创新发明是不限性别、年龄、学历、经历的,只要您在生活中多加留意及用心,随时都可得到很好的创意点子,再将实用的创意点子加以具体化实践,即可成为发明作品,说穿了就是如此简单。因为我们目前尚无以本土环境为基础,用实务指引的方式,给创新发明者实质协助的完整数据。有鉴于此,希望给有志从事创新发明的人士,提供有实用价值的参考数据与经验分享,使其以最有效率的方法创造出最大的"创新"经济价值。

(一) 何为知识产权

所谓"知识产权",可说是各国(或地区)法律为了保护人类精神活动成果,而创设各种权益或保护规定的统称。因为这些权利都是法律所创设出来"无形"的权益,一般也会称为"无形财产权"或"无体财产权"。

依据 1967 年"成立世界知识产权组织公约"的规定,知识产权包括:

(1) 文学、艺术及科学的著作。

(2) 演艺人员的演出、录音物以及广播。

(3) 人类的任何发明。

(4) 科学上的发现。

(5) 产业上的新型及新式样。

(6) 制造标章、商业标章及服务标志,以及商业名称与营业标记。

(7) 不公平竞争的防止。

(8) 其他在产业、科学、文学及艺术领域中,由精神活动所产生的权利。

一般校园中常见的知识产权,例如:学校教授在实验的过程中,发现一种新的材料,可提升太阳能电池的蓄电效能,除了有学术上的成就之外,也可以就这个"发明"向各国政府申请"发明专利权",若有部分技术没有申请专利,但有适当的保密,也有可能属于营业秘密法保护的"营业秘密";老师上课的授课内容、学生的报告则是属于"著作",于创作完成时起就受著作权法保护;个人计算机在执行操作系统或应用软件所显示的"Microsoft"、"Apple"、"Java"等字样,则是受到商标法保护的"商标权",一般看到会在商标文字或图样右上方标示 R 的字样,就是说明这个商标是已注册 (Registered);若是农学院的系所有培育出新的水果或粮食的品种,则可对其命名并申请品种权,还可能取得种苗权,可以出售种苗来获利。随着学校、政府与产业间的互动日益频繁，许多校园都会安排知识产权相关的讲题，让教职员生更能掌握知识产权的概念。

现代社会中，知识产权作为一种私权在各国普遍获得确认和保护，知识产权制度作为划分知识产品公共属性与私人属性界限并调整知识创造、利用和传播中所形成的社会关系的工具在各国普遍确立，并随着科学技术和商品经济的发展而不断地拓展、丰富和完善。特别是在经济全球化背景下，知识产权制度发展迅速，不断变革和创新，当前世界经济已经处于知识经济时代，技术创新已是社会进步与经济发展的最主要动力，与之相对应的，知识产权越来越成为提升市场核心竞争力和进行市场垄断的手段，知识产权制度因此成为基础性制度和社会政策的重要组成部分。从 20 世纪末开始，许多国家已经从国家战略的高度来考虑、制定和实施知识产权战略，并将知识产权战略与经贸政策相结合，知识产权战略构成了国家发展总体战略的组成部分，对实现国家总体目标具有重大意义。

2005 年中国大陆成立了国家知识产权战略制定工作领导小组，正式启动了国家知识产权战略制定工作，同时中国大陆政府也不断地加大了知识产权保护的力度。从中国大陆目前的立法现状看，知识产权法仅是一个学科概念，并不是一部具体的制定法。知识产权法律制度主要由著作权法、专利法、商标法、反不正当竞争法等若干法律行政法规或规章、司法解释、相关国际条约等共同构成。随着知识产权领域的制度创新、法律修订以及理论研究引人注目，知识产权保护的新问题、新案件不断出现，极大地丰富了知识产权法学研究内容，知识产权法学获得了长足的发展和厚实的积淀。

（二）专利保护

1. 活鱼展示之绑束方法

简玉聪是一位鱼贩，他已经在台南市的鱼市场卖了二十多年的鱼，由于中国台湾地区南部消费者在选购鱼货时，不喜欢冷冻的死鱼，因此，他的鱼货多年来都是新鲜的活鱼。

然而，简玉聪卖鱼时常因活鱼活蹦乱跳，或宰杀时鱼鳞乱飞产生处理鱼货上的困难，为了处理上的便利，他过去都用细绳以粗针穿过鱼下巴，再从鱼口穿出，将活鱼绑住再卖。但是，这种绑法却有一个大缺点，那就是容易造成鱼体的伤害，活鱼存活的时间相对变短。

为了让被绑的活鱼保有较长的存活时间，简玉聪想出了一种新的活鱼绑法，那就是将绳子绑住鱼嘴或鱼鳃，再扣住鱼尾，仅由表面固定活鱼，而不伤害鱼体，这种方法可以让活鱼存活时间更长，但绑出的活鱼形状与传统方法相同。

为了避免遭到其他鱼贩的模仿而与他恶性竞争，因此简玉聪以此件"活鱼展示之绑束方法"向"中国台湾地区智慧财产局"申请发明专利，获得专利后，他已委任律师致函所有该市场中的其他鱼贩，若有人要使用此种专利绑法，必须与他的律师联络，依据简玉聪所定的授权条件取得授权，方可使用。

此件"活鱼展示之绑束方法"获得专利后，引起广大鱼贩们的抗议，某科技大学渔事技术系的冯国忠教授，质疑"中国台湾地区智慧财产局"核准"活鱼展示之绑束方法"专利将损害鱼贩的权益，他表示被申请专利的绑鱼法在台南行之已久，代代相传至少三十多年，也是台南鲈鱼的传统绑法，这种绑法让鱼的鲜度够、卖相佳、不易掉鱼鳞，几乎所有渔民都会，毫无技术创新可言，这种已经长久使用的传统技术不可能是特定人的发明，政府通过专利申请，将严重影响鱼贩生计，且此例一开，以后连绑螃蟹，绑荔枝，甚至绑鞋带的方法，都可能会有人去申请专利，将严重影响一般民众的权益。

申请专利权的发明或创作，除了必须符合申请的程序要件之外，而且必须经"中国台湾地区智慧财产局"审查该发明或创作是否符合"产业利用性"、"新颖性"以及"进步性"三个实质要件，如经审定核准公告，方能获得专利权。

"产业利用性"之要件，是专利审查的首要要件，必须优先于"新颖性"与"进步性"两个要件，而先为审查。凡提出专利权申请的发明或创作，必须具有产业上的利用价值，有利于产业的发展，国家方给予专利权的保护，如果该项发明或创作，毫无产业上利用之价值，纵然具有崇高的学术评价，亦无法通过"产业利用性"的审查。

**案例 5-4　记录那些曾经的美好——纸可拍"Paper Shoot"
追求创意不忘环保**

经营项目：环保纸外壳软件和硬件高设计

第一次创业，林秋吉最大的心得是："一定要坚持到底，莫忘初衷！无论是电子业或文创产业都必须随时充实自己，当遇到问题及困难时，或许会开始

缺乏自信，进而怀疑自己，这时就要虚心学习。"在创业筹备期间，纸可拍即向创业咨询服务申请顾问辅导，世界知名相机大厂曾与纸可拍洽谈合作，即使对方给予非常优厚的条件，经过咨询辅导后，纸可拍仍坚持保有品牌、专利所有权及公司的自主决定权。林秋吉非常感谢有关当局提供的创业资源，现今纸可拍成长速度已经越来越快，并建立起不同于一般数码相机的市场，也希望所有拥有纸可拍的人，都能在拍照中发现意想不到的乐趣。

如何建立属于自己的蓝海？在这片数字相机的领域，纸可拍打造出自我独特的设计与风格，成为目前市场上唯一的数字纸相机。其中最受人注目的就是"环保纸外壳"，纸制外壳可随环境分解、不污染环境，并可搭配各式创意的印刷，所以在产品未上市前，林秋吉即以专利布局，保护重要的产品创意元素。通过切换可享有一般、黑白、暖色调及冷色调模式，以简易操作、轻巧容易携带的特色，吸引广大消费者的目光。除了产品本身，客制化是纸可拍主打的策略之一，弹性灵活的印刷技术可随时生产多样化、与众不同的外壳，例如针对节庆推出情人节套组和阿里山的中国台湾地区景点款式，除了纸可拍团队设计外，也加入知名歌手、插画家的设计，让纸可拍成为一个曝光的平台。

产品确立的同时，创办人林秋吉即积极建构营销通路，除了官网外，在中国台湾地区已有纸箱王、台北相机街数码宝贝等多个销售点，并积极参加设计比赛、数字展。经过公司团队的努力，纸可拍荣获"2013年海峡工业设计大奖赛"产品设计类金奖，此竞赛堪称两岸工业设计的奥斯卡，且是少数代表中国台湾地区获奖的设计。此外，纸可拍初次赴境外参展即创下佳绩，在中国香港的GSOL礼赠品展中，被大会评选为color trend精选商品，许多买家对纸可拍的创新概念及产品特色大为赞赏，并有近百家厂商表达购买意愿。

目前纸可拍团队分别负责统筹、财务、设计及营销，但多年后回首，团队所凝聚的向心力都是令人感动的力量。

"2014年推出新一代功能的纸可拍，软件和硬件的更新将会让人耳目一新。"现阶段，林秋吉和团队伙伴正积极参与有关当局各项竞赛，争取资金拌注，期待未来能取代传统抛弃式底片相机的市场，将纸可拍的品牌推广到全球各个城市、旅游景点，让全世界惊艳中国台湾地区的创新实力。

案例 5-5　巧扮传统技艺与文创设计桥梁

经营项目：居家木质产品设计制造现代设计

"兴趣是创业最好的老师。"甘丹创新工作团队之一的郭佩珊说，公司五个人都是高师大工业设计研究所的同学，在设计材质上对于木头有特别的情感，尤其偏爱传统木作榫卯的珍贵技术。因为这种传统工法不需要用到一根钉子或螺丝，运用木材本身特性即能做出结构坚固优良的木制产品。然而这项技艺正逐渐消失中，因此努力探索如何将失传的技艺能够通过现代美学设计的创意，传递给社会大众。

这五位同学，在校时即成立小型工作室，积极参与各项国际竞赛与相关计划，举例来说，在 2010 年入选中国台湾地区工艺竞赛"传统工艺组"与南投文化局的竹工艺产品开发竞赛。2012 年又获得德国 IF 概念设计大奖以及德国红点设计大奖。郭佩珊说，获得国际奖项的肯定，给予工作室团队在创业上注入更多信心，之后又陆续荣获"云嘉南青年创业提案竞赛"创业提案金牌奖。

"创业初期真的非常艰辛，不管是资金、合作厂商及营销方面都非常的缺乏。"郭佩珊说，因为年轻所以勇敢，通过不断地尝试与冒险，想要知道自己的极限在哪里。她说，在一次次挑战的过程中，不论是资金上的把注还是产品上的营运方向策略，中小微企业处的创业顾问都给予非常大的帮助与鼓励，帮助团队修正方向与找出市场商机。

甘丹创新目前已量产出练心锁系列产品，这是一款结合益智与复健的多功能木制玩具，融合了各种榫卯技艺的结构艺术，让先人的榫卯技术智慧结晶，通过趣味的方式再次呈现于人们的生活中。此外，也开发周边商品或家具，如存钱筒、domo 夹与融合榫卯技的原木桌椅。未来将持续通过创新设计将传统榫卯技艺传承下去，进而建立属于中国台湾地区的国际设计品牌，将中国台湾地区的传统文化技艺与创新设计推广到全世界。

"新颖性"，系指申请专利权的发明或创作，必须与申请日前的限存既有技术有所不同方能以申请专利权。凡申请专利权之发明或创作，于申请日之前，如已见于刊物、已公开使用或已为公众所知悉者，该发明或创作原则上即不具备"新颖性"；相反地，如果申请专利权的发明或创作，于申请日之前，没有发生上述

"欠缺新颖性"之法定事由，该发明或创作原则上即具备"新颖性"。

"进步性"，系指申请专利权的发明或创作，与申请日前之现存既有技术虽然有所不同，但该发明或创作，如系该发明或创作所属技术领域中，具有通常知识者，依申请日前的现存既有技术，如能轻易完成者，该发明或创作便不具备进步性。换言之，其技术内容的差异，必须达到创新的层次，才符合本要件的要求，否则该发明或创作便不具备进步性。

2. 印楝素植物性杀虫剂

Dr. Dan Ryan 教授在美国某大学环境科学研究所任教多年，他在该校领导的研究团队，致力于研究从天然植物中提取有效杀虫成分，配制成环保无害的植物杀虫剂，特别是他的"印楝素植物性杀虫剂"的研究，该研究是从一种名为"印度楝树"的植物种子中，淬取出植物农药中所需的"印楝素"，再以印楝素制成高效、低毒、无残留的植物性杀虫剂，在注重环境保护的今天，特别受到环保科技界的重视。Ryan 教授所任教的该所大学将此项研究成果于 2004 年 7 月 20 日向美国专利商标局提出发明专利申请，目前尚在进行专利审查中。

由于植物性农药的研究与开发，被世界各国视为一场划时代的革命，又被称为"绿色黄金"产业，在中国台湾地区的生物科技界，也是重要的研究项目，在中国台湾地区某大学农业技术系任教的郑助理教授，也恰巧完成了相同的研究成果，郑教授所任教的该所大学于 2005 年 3 月 25 日向中国台湾地区"智慧财产局"提出发明专利申请，目前也正在进行专利审查中。

其后，Ryan 教授所任教的美国该所大学将上述相同的研究成果于 2005 年 5 月 2 日向中国台湾地区"智慧财产局"提出发明专利申请，并主张以 2004 年 7 月 20 日作为该发明专利申请案的"优先权日"。

各国专利制度均采取"属地主义"，一项发明或创作之人，欲获得某国的专利权保护，必须向该国的专利专责机关，依该国专利法的规定，提出专利申请并获得审定核准公告，方能获得该国的专利权，纵使该发明或创作曾经获得他国的专利权，也必须在该国重新申请，因此，一项发明或创作之人，如欲获得多国的专利权保护，必须向各该国的专利专责机关，依各该国专利法的规定，提出多国专利申请并且均获得审定核准公告，方能获得多国的专利权。

但是，发明或创作之人经常因为语言、距离或市场开发等因素的障碍，无法在各国同时进行专利申请，因而造成专利申请日的延误；或由于在一国先行申请，而造成其专利技术已经公开或实施的事实，以致无法就相同发明或创作，取得多国专利权之保护。

为鼓励发明或创作之人，在进行国际间技术交流时无须担心丧失申请专利之权益。"国际优先权制度"首先揭示于 1884 年生效的"巴黎公约"（Paris Convention）。该公约的第四条，明定会员国国民在某会员国申请专利后，再到其他会员国提出相同的专利申请时，得依专利权种类之差异，分别给予十二个月或六个月的优先权期间，发明专利与新型专利的优先权期间，是自第一次提出专利申请的十二个月内，新式样专利的优先权期间则为六个月。

上述优先权期间的限制，其目的是为了防止发明人或创作人得以无限期地主张优先权，以避免造成发明人或创作人以国外之老旧技术在中国台湾地区申请专利，将有碍于中国台湾地区产业的发展，因此，国际优先权制度对于主张优先权的期间加以一定期间的限制，以鼓励国外发明人或创作人将先进的技术或产品到中国台湾地区申请专利。

只要申请人于上述优先权期间内，在其他任一会员国就相同发明或创作申请专利，申请人得主张该外国专利申请案的申请日为"优先权日"，而将专利审查及保护之时点提早到第一次申请专利权之时点，作为判断在该国的专利申请案，是否符合专利要件及"先申请原则"之基准日，此即"国际优先权"制度。

此制度的主要目的，在于保障发明或创作之人，不会因为在某一会员国申请专利后，由于已经公开或实施其技术内容，或由于被他人抢先在其他会员国申请该发明或创作以致不符合专利要件，无法取得其他会员国之专利保护。

世界贸易组织（World Trade Organization，WTO）成立后，由于 WTO 会员均应遵守"巴黎公约"及"与贸易有关知识产权协议，TRIPs"，故会员间必须彼此相互承认优先权。因此，中国台湾地区自 2002 年 1 月 1 日以"单独关税区"身份①加入 WTO 后，即已遵守 TRIPs 之相关规定，赋予 WTO 会员在中国台湾地区

---

① 在单独关税区内，货物进出境地监管、关税及其他各税地征免，均按该地区政府颁布地海关法规执行。目前在 WTO 中存在四个单独关税区，即欧洲共同体、中国香港、中国澳门和中国台湾。单独关税区不享有主权，但是，在 WTO 内根据多边贸易协议，享有与国家同样地权利，承担同样的义务。

国家（地区、组织）名称	入世时间
中国香港（单独关税区）	1995 年 1 月 1 日
中国澳门（单独关税区）	1995 年 1 月 1 日
中国台湾（单独关税区）	2002 年 1 月 1 日
中国	2001 年 12 月 11 日

申请专利时，可以向中国台湾地区主张优先权的权利，相对地，其他 WTO 会员依照前述 TRIPS 规定，也应该受理中国台湾地区在该国申请专利案时主张的优先权，故依中国台湾地区"专利法"第二十七条规定，专利申请人就相同发明或创作，在世界贸易组织会员或与中国台湾地区相互承认优先权的，第一次依法申请专利，并于第一次申请专利之日起十二个月内，向中国台湾地区申请专利者，得主张优先权。

也就是说，以在该国（或地区）之专利申请案之"申请日"为基础，如系发明专利或新型专利，其优先权期间为该申请日后十二个月，如是新式样专利，其优先权期间则为该申请日后六个月，上述优先权期间为法定期间，申请人于上述法定期间内，在中国台湾地区就相同发明或创作申请专利者，申请人得主张该外国专利申请案之申请日为 "优先权日"，而将专利审查及保护之时点提早到第一次申请专利权之时点，作为判断在中国台湾地区之专利申请案是否符合专利要件及"先申请原则"基准日。

也就是说，发明人或创作人若在 WTO 会员国或与中国台湾地区签订有相互承认优先权协议的国家（或地区）申请专利权，之后再就相同之发明或创作，向中国台湾地区申请专利权，该发明人若主张优先权，则中国台湾地区"智慧财产局"在审查该发明或创作是否具备产业利用性、新颖性与进步性的专利要件，都是以在该外国申请专利权的申请日为准，而非以在中国台湾地区的申请日为准。

在本案例中，Ryan 教授所任教的该所美国大学，将其"印楝素植物性杀虫剂"的研究成果于 2004 年 7 月 20 日向美国专利商标局提出发明专利申请。其后，该所大学又将上述相同的研究成果于 2005 年 5 月 2 日向中国台湾地区"智慧财产局"提出发明专利申请，并主张以 2004 年 7 月 20 日作为该发明专利申请案的"优先权日"。

由于美国是 WTO 的会员，中国台湾地区与美国之间必须相互承认优先权，故依中国台湾地区"专利法"第二十七条的规定，专利申请人就相同发明或创作，在世界贸易组织会员或与中国台湾地区相互承认优先权的外国第一次依法申请专利，并于第一次申请专利之日起十二个月内，向中国台湾地区申请专利者，得主张优先权。

也就是说，该所大学得以在美国的专利申请案之"申请日"（2004 年 7 月 20日）为基础，因该申请案是发明专利申请案，其得主张优先权的法定期间为该申请日后十二个月，该所大学于上述法定期间内，在中国台湾地区就相同发明提出发明专利申请案时，该所大学得主张以 2004 年 7 月 20 日为"优先权日"，而将专利审查及保护之时点自 2005 年 5 月 2 日提早到 2004 年 7 月 20 日之时点，作为判断在中国台湾地区之发明专利申请案是否符合发明专利要件之基准日。中国台湾地区"智慧财产局"当审查该发明专利申请案，是否具备"产业利用性"、"新颖性"与"进步性"专利要件，都是以 2004 年 7 月 20 日为准，而非以 2005 年 5 月 2 日为准。

然而，中国台湾地区"智慧财产局"在受理审查上述发明专利申请案时，并不会主动依职权调查专利申请人是否得以主张优先权，而是专利申请人必须要自己提出优先权的主张才可以，若是专利申请人自己不主张，中国台湾地区"智慧财产局"便依据本件发明专利申请案，在中国台湾地区的申请日（2005 年 5 月 2 日）来审查相关专利要件。

唯在本案例中，该美国大学于主张优先权时，应在申请该发明专利的同时提出声明，并于申请书中载明在美国的申请日（2004 年 7 月 20 日）及受理该申请的国家。该美国大学并且应在中国台湾地区的申请日（2005 年 5 月 2 日）起四个月内，检送经美国政府受理该发明申请案的证明文件。

在中国台湾地区某大学农业技术系任教的郑钦民助理教授，也恰巧完成了与美国 Ryan 教授完全相同的研究成果，其所各自任教的大学，也都以上述相同的研究成果向中国台湾地区"智慧财产局"，提出相同的发明专利申请，郑教授所任教的该所大学于 2005 年 3 月 25 日提出，而该美国大学于 2005 年 5 月 2 日提出。

依据"专利法"第三十一条所规定的"先申请原则"，同一发明有两个以上之专利申请案时，仅就其最先申请者，准予发明专利。因此，本案例中同一发明有两个以上的专利申请案时，为贯彻"先申请原则"之精神，应以其中"申请日"最早的申请案也就是 2005 年 3 月 25 日所提出的郑教授的申请案授予发明专利权，因为 Ryan 教授的申请日 2005 年 5 月 2 日较晚，则因其申请时已经不具备"新颖性"而无法取得发明专利权。

然而，上述"先申请原则"的适用，必须受到"优先权制度"的限制，依据"专利法"第三十一条之规定，同一发明有两个以上专利申请案时，仅就其最先申请者准予发明专利。但后申请者所主张之优先权日早于先申请者之申请日者，则不在此限。

在本案例中，郑教授专利申请案的申请日 2005 年 3 月 25 日，虽然早于 Ryan 教授专利申请案之申请日 2005 年 5 月 2 日，但是晚于 Ryan 教授专利申请案所主张之优先权日 2004 年 7 月 20 日，故应由 Ryan 教授所任教的美国大学取得发明专利权。

依据"专利法"第三十一条第二项之规定，同一发明有两个以上的专利申请案时，其个别申请时，如其申请日、优先权日均为同日者，应通知申请人协议商定，协议不成时，均不予发明专利。

国际优先权制度主要为使发明人的相同发明，在外国申请时不会因为申请手续准备不及，或因其他已公开或实施等情形而丧失可以核准专利之要件，并让申请人可以在一定期间内，分别向多国申请专利时都能以首次申请日为审查基准日，享有优先权，借以取得多国专利保护。

国际优先权制度，固然是对于外国发明人的保护，但从互惠的立场来看，我国发明人亦可在其他国家主张国际优先权，以便在海外市场获得保护。我国发明人可以利用中文在国内先申请专利权，再用十二个月或六个月的时间，撰写国外的专利申请书，这是一个相当值得鼓励的制度，我国发明人应多加利用，以维护自己的权利。

第六章　市场突围　清楚定位品牌　形塑未来

全球经历 5 年（2008~2012 年）的金融风暴和美日货币竞赛，产生诸多不可挽回的伤害与后续危机，例如：青年失业问题加深、美国量化宽松政策退场可能在新兴国家掀起另一波资产泡沫危机、日元贬值对日本企业竞争力的提升，削弱了亚洲邻近国家（或地区）的出口等，都让全球经济复苏之路蒙上一层不确定性。中国台湾地区以出口为导向的经济结构一向容易受到国际经济形势的影响，当然也无法置身事外，又由于中国台湾地区企业中约有九成是中小企业，中小企业的经营与发展必将受到冲击。

未来是下一秒真实的存在，不计现在的得失、不论过去的伟业，我们尝试从未来作为起点，引领创业者从未来找现在，深掘企业经营的各个面向，重新发动迎向未来的决胜引擎。

一、组织形态决定未来成长格局

中国台湾地区目前的营利事业单位，其组织大致可分为非法人资格与法人资格。非法人资格是依"商业登记法"规定，分为独资及合伙组织两种；法人资格则依"公司法"规定，分为无限公司、有限公司、两合公司及股份有限公司四种。目前中小企业及行号、工作室组织形态分为独资、合伙组织、有限公司及股份有限公司四种，以下仅以此四种组织形态进一步介绍。

（一）独资

独资系由经营者个人独自出资，依商业登记法规定，向各地县（市）政府办理商业登记。资本额 25 万台币以下。

1. 优点

（1）独自经营，运用自有的技能与经验，可全盘掌控企业的各种营业活动。

（2）活动力精致轻巧，可随市场脉动调整营业方向及脚步。

（3）决策执行力高。

（4）资金需求较低。

2. 缺点

（1）企业规模狭小，资金能力不足，市场经济变幅较大时恐无法适应。

（2）决策过程无其他股东可供商议，常流于独断专行。

（3）当营业状况大好，必须扩大经营规模时，常无法有资金投入，造成经营"瓶颈"、失去商机或周转不灵。

（4）不具有法人资格，若必须融资时，金融机构需视经营者的信用能力，评估是否贷放，所以经营者必须承担营运所需的一切资金。

（5）独资的经营者必须依法负无限责任，故经营压力将随事业壮大而加大，同时无法改组为公司组织，其发展将受到相当限制。

（二）合伙组织

合伙组织系 2 人以上共同出资，依商业登记法规定，向各地县（市）政府办理商业登记，资本额 25 万台币以下，免提出资金证明。

1. 优点

（1）集思广益。

（2）可提供的资金较独资多。

（3）工作上可分工合作，避免独断专行造成企业危机。

2. 缺点

（1）合伙人皆对合伙企业负无限责任，当合伙人间财力不相当时，财力较雄厚者所承受的风险较高。

（2）因合伙企业通常规模狭小，能募集资金的能力较弱，各人能再出资能力亦不同，容易造成合伙人之间的冲突。

（3）当市场经济变动较大时，亦无法适时调整经营脚步，若营业状况大幅成长时，常无法募得企业所需资金，而无法突破现状，造成合伙人资金压力大增。

（4）未具法人资格，合伙人对外均负无限责任，当需要融资时，也常视合伙人的信用条件而定，若部分合伙人信用不佳，将很难融资成功。

（5）无法改组为公司组织，影响发展，另外无法律上独立人格，不能购置企业所需不动产作为事业长期发展的基地。

（三）有限公司

有限公司系经营者依公司法规定，向公司登记机关办理公司登记后，向营业所在地国税稽征机关办理营业登记。其基本条件，依公司法规定，股东至少1人，各就其出资额为限对公司负有限责任。公司登记资本额规定，除许可法令特别规定外，公司申请设立时，最低资本额并不受限制，如经会计师依《公司申请登记资本额查核办法》认定其资本足以支付设立查核签证日止的直接费用，登记机关即准予登记。"设立查核签证日止之直接费用"的范围，包括与公司设立直接有关的政府规费（如：公司名称及所营事业预查费、公司登记费、许可登记费等）、会计师签证费、律师或会计师公费及所在地租金等费用。

1. 优点

（1）股东仅对出资额负有限责任，每一股东有一票否决权。

（2）若公司事业规模日益扩大，可变更组织为股份有限公司。

（3）有限公司为法人，在法律上可以独立行使一切法律权利及义务，通常由家族人数补齐即可成立运作，也是目前小微型企业及工作室除独资形态外，使用最多的组织形态。

2. 缺点

（1）一切活动须遵照公司法规定办理，可能公司违法而不知，造成无谓的损失。

（2）股东多、意见亦多，开会无效率，无法提升获利能力。

（3）办理主管机关各项登记时，手续较为烦琐，手续费也较高。

（4）当公司不想继续经营时，尚须依法办理清算，较为不便。

(四) 股份有限公司

股份有限公司系经营者依公司法规定，向公司登记机关办理公司登记后，向营业所在地国税稽征机关办理营业登记。其基本条件依公司法规定，需2人以上股东，全部资本分为股份，股东就其所认股份对公司负其责任，选出董事至少3人、董事长1人，并选出监察人至少1人。目前公司登记资本额规定，除许可法令特别规定外，公司申请设立时，最低资本额并不受限制，唯公司申请设立时，依公司法第7条暨公司申请登记资本额查核办法规定，股款证明应先经会计师查核签证，并附会计师查核报告书办理登记。

1. 优点

(1) 股东仅按出资额负有限责任，若公司持续成长扩大经营规模，可上市或上柜。

(2) 股东采用股份制，若合伙人理念不同，可借股份移转而处理。

(3) 设有董事会，公司一切决策集中于此，组织调整相当有弹性。

(4) 当经营扩大规模时，所需资金较易取得。

2. 缺点

(1) 由于股东至少2人，董事至少3人，监察人至少1人，较不适用于商号或独自经营的工作室。

(2) 组织大，相对成本较高，对一般小企业来说，初期资金压力甚重。

(3) 经营亦必须符合公司法各项规定，以免受罚。

表6-1　组织形态比较表

比较项目	行号（独资、合伙）	有限公司	股份有限公司
名称形态	××商行 ××商店 ××小吃店 ××企业社 ××工作室	××有限公司	××股份有限公司
资本额	不限	不限 （特殊行业例外）	不限 （特殊行业例外）
资本签证	25万台币（不含）以下不需任何证明 25万台币以上需要会计师签证	要会计师签证	要会计师签证
股东人数	独资1人 合伙2人以上	1人以上	2人以上 法人股东1人以上
责任归属	无限清偿责任	以出资额为限	以出资额为限
公司登记	×	○	○
股东变更登记	负责人变更须登记	股东变更须登记	董监变更须登记

若以组织形态来看的话，独资是比较适合小型商店及个人工作室的营利组织形态；最常适用于餐饮店、花店、艺品店等小型商店或摄影工作室、音乐工作室、舞蹈工作室等个人工作室。若想经营的是小型商店及个人工作室的形态，但又不想自己一人独挑大梁，想再找 1~2 位与你共患难同分享的话，合伙组织则会是个不错的选择，而此组织也适用于餐饮店、花店、艺品等小型商店或小型工作室等。

表 6–2　小型商店、个人工作室示意表

小型商店、个人工作室	
餐饮、花店、艺品店、摄影工作室、音乐工作室、舞蹈工作室	
想自己独挑大梁	想找人祸福与共
独资	合伙

至于属于法人组织的有限公司形态，因有其资本额及组织设立的人数限制，所以会由一个比较适合需要点规模的小型及微型企业来运作，最常适用于中小企业与中型工作室。但倘若你的合作伙伴有 7 人以上，且资本额已超过 100 万台币的话，建议你采用股份有限公司的组织形态。这种组织与有限公司一样，都需受较严格的公司法管理，适合中型及大型企业，是一般企业界常用的组织形态。

表 6–3　小型企业、微型企业示意表

小型企业、微型企业	
中小企业、中型工作室	
合作伙伴有 7 人以上 资本额超过 100 万台币 ↓	想找人祸福与共 ↓
有限公司	股份有限公司

（五）中小微企业认定标准

表 6–4　中国台湾地区中小微企业定义的演变

修改年 ＼ 行业类别	制造业、营造业、矿业及土石采取业	农林渔牧业、水电燃气业、服务业
2000 年 5 月	实收资本额在新台币八千万元以下者，或经常雇用员工数未满二百人	前一年营业额在新台币一万亿元以下者，或经常雇用员工数未满五十人

行业类别 修改年	制造业、营造业、矿业及土石采取业	农林渔牧业、水电燃气业、服务业
2005 年 7 月	实收资本额在新台币八千万元以下者，或经常雇用员工数未满二百人	前一年营业额在新台币一万亿元以下者，或经常雇用员工数未满五十人。 ** 依据（第七次修订之行业标准分类）修改第二条之二行业
2009 年 8 月	实收资本额在新台币八千万元以下者，或经常雇用员工数未满二百人	（除左栏所规定外之行业）前一年营业额在新台币一亿元以下者，或经常雇用员工数一百人

表 6-5　中华人民共和国中小微企业认定标准

行业	从业人员（人）	关系	营业收入（万元）	企业类型
工业	≥300	+	≥2000	中型
	≥20	+	≥300	小型
	<20	or	<300	微型
批发业	≥20	+	≥5000	中型
	≥5	+	≥1000	小型
	<5	or	<1000	微型
零售业	≥50	+	≥500	中型
	≥10	+	≥100	小型
	<10	or	<100	微型
交通运输业	≥300	+	≥3000	中型
	≥20	+	≥200	小型
	<20	or	<200	微型
仓储业	≥100	+	≥1000	中型
	≥20	+	≥100	小型
	<20	or	<100	微型
行业	从业人员（人）	关系	营业收入（万元）	企业类型
邮政业	≥300	+	≥2000	中型
	≥20	+	≥100	小型
	<20	or	<100	微型
住宿业	≥100	+	≥2000	中型
	≥10	+	≥100	小型
	<10	or	<100	微型
餐饮业	≥1000	+	≥2000	中型
	≥10	+	≥100	小型
	<10	or	<100	微型

续表

行业	从业人员（人）	关系	营业收入（万元）	企业类型
信息传输业	≥100	+	≥1000	中型
	≥10	+	≥100	小型
	<10	or	<100	微型
软件和信息技术服务业	≥100	+	≥1000	中型
	≥10	+	≥50	小型
	<10	or	<50	微型
物业管理	≥300	+	≥1000	中型
	≥100	+	≥500	小型
	<100	or	<500	微型

行业	营业收入（万元）	关系	资产总额（万元）	企业类型
建筑业	≥6000	+	≥5000	中型
	≥300	+	≥300	小型
	<300	or	<300	微型
房地产开发经营	≥1000	+	≥5000	中型
	≥100	+	≥2000	小型
	<100	or	<2000	微型

农、林、牧、渔业：

（1）营业收入≥500万元=中型企业。

（2）营业收入≥50万元=小型企业。

（3）营业收入<50万元=微型企业。

租赁和商务服务业：

（1）从业人员≥100人+资产总额≥8000万元=中型企业。

（2）从业人员≥10人+资产总额≥100万元=小型企业。

（3）从业人员<10人or资产总额<100万元=微型企业。

其他未列明行业：

（1）从业人员≥100人=中型企业。

（2）从业人员≥10人=小型企业。

（3）从业人员<10人=微型企业。

二、微型企业的特性

迄今为止，虽尚未对微型企业定义制定一套较客观的认定标准，但依据国内、外诸多相关文献数据，微型企业在经营活动上所显现的特性，大致可以归纳如下：

（一）经营形态多元多样，行业集中于制造加工业或商业服务业

微型企业经营形态多元多样，工作内容分布从低阶劳动到高阶知识管理，但凡与衣、食、住、行、育、乐日常生活要素有关的项目皆包含在其中。依据相关文献数据，微型企业大多集中在制造加工业或商业服务业，例如一些制造加工业、餐饮业、零售业或个人工作室等，因所需生产要素不多，进出市场较易，颇为符合微型企业机动、灵活特性；同理言之，微型企业经营活动主要针对国内市场，其所生产的商品及劳务主要满足本土市场需求。

（二）市场进入条件不高，极易吸引妇女与青年族群投入创业

据统计，很多微型企业主属于女性或青年族群，主要原因在于微型企业所需资本不多、技术要求不高，进入门槛低、弹性高，对于多数仍负有家庭照顾责任的妇女或刚进入社会的青年族群而言，是创业的不二选择。因此，对女性业主或青年创业的微型企业提供相关辅导措施，已成为改善妇女经济条件或减少社会问题的重要做法，除了可以改善女性生活与提升妇女自主发展的重要意涵之外，亦可达到促进社会安定的目的。

（三）经营以家族为核心，劳力与科技兼具发展形态

目前国内对于微型企业组织形态，虽尚无较正式的研究调查报告或统计资料可供参考，但依据诸多相关研究文献显示，一方面，微型企业经营形态以独资、合伙为组织模式，亦即以家庭成员为核心工作人力，大多从事劳力较密集的生产，或是凭借个人技能提供服务，其所使用的原料或服务来源多由当地获得，产

品销售或服务对象亦以当地为主。由于大多属于独资经营形态，以致在经营上个人主义色彩较浓，企业永续经营理念较为淡薄。另一方面，亦因规模较小，在生产上难以达到规模经济，经营成本偏高；在销售上，销售对象较固定单纯，极易受到外在经营环境冲击，例如订单来源不足、消费需求改变等，因而对其永续经营造成不利影响。

(四) 资金以自筹为主要来源，采取现金交易模式

由于微型企业厂商规模甚小，企业内部组织单纯，其经营所需资金大多属于自有，或是部分来自亲友借入，在面临企业扩充所需设备投资资金与急需短期周转资金时，一方面，家族企业宁可从家族、亲友或同业、地下金融等管道中筹措举债，也不太愿意因外来资金投入或参与而影响其所有权与控制权，所以家族或同业之间资金往来颇为频繁。另一方面，依据相关数据显示，绝大多数业者无论在购置材料、设备，或是产品销售上，大多采取现金交易方式，财务结构较薄弱，加以会计制度不全，取得金融体系融资较为困难，无形之中加大了经营风险。

案例 6-1 即使独自一人旅行，也能在交谊厅内分享自己的旅游经历

主要产品：青年旅舍

"途中"创办人郭懿昌大学毕业在职场翻滚一阵子后，适逢澳大利亚对中国台湾地区开放，几经思考后，他决定暂别中国台湾地区的工作与亲朋好友，前往澳大利亚尝试另一种人生，却为他日后设立青年旅舍提供了契机。郭懿昌曾担任过知名网站《背包客栈》的版主，并开设乐忆网络信息有限公司。经过2年的摸索及参与资策会所举办的 ideas show 后，他了解到自己所规划的创业构想需要庞大的人力、资源和资金，当发现目标一直递延，且已远超过自己能力所及后，他毅然选择结束网络事业，旅游4个多月，决定回家二次创业。

筹备初期，郭懿昌发现在中国台湾地区仍以传统旅馆为主要经营形态，且多数的青年旅舍仍处于"无照营业"的状态。基于对打工度假时分享的感动，让他决定创办以旅行为特色的青年旅舍——"途中"。旅舍除了提供基本的住宿外，"途中"更提供增值的延伸服务与商品，例如：票券、交通与住宿结合的套装行程，或是在地导览、语言学习的文化交流，"青年旅舍不应仅是贩卖廉

价床位，而且是旅客认识、探索当地的入口和平台。"

为了符合旅馆业的牌照法规，郭懿昌和团队以1年多的时间，在台北市评估了300多间房屋，经过严格的法规检验、经营和财务规划后，选定位于北投区的5层透天房屋，并在多位专业人士协助下，于2013年取得合法旅馆执照。

"若是找熟悉的朋友，恐会因为彼此关系与情感影响沟通，于是初期即在网络招募志同道合、对hostel有兴趣的伙伴参与经营。"因此"途中"的16位股东均来自不同的领域，包括工业设计、业务、资管，甚至房东也加入团队，以群策群力的脑力激荡，发挥为组织创造价值的功效。2014年初，部分股东共同规划的第二个据点"途中九份"启用，除了展现团队分工的默契外，正是整体组织经验的扩大延伸。

目前"途中"的中国台湾地区旅客约占三成，其他则为来自东南亚、西方当局等外国旅客，也在口碑的迅速扩散下，在国际间闯出不错的知名度与美誉度，除了在大型的国际订房平台上取得很高的使用者评分外，更在Tripadvisor网站上勇夺"台北市特色旅宿"第1名的殊荣。郭懿昌也尝试利用闲置时段与在地组织、相关产业合作，举办旅行讲座、国际志工分享会、小区论坛、烤肉、晨跑及采海芋等活动，企图在住宿本业外，为途中创造更多附加价值。

"秀大衣"——秀出你的独特和唯一

主要产品：中大尺码服饰

创办人张安秀与夫婿陈时选说，一些好友知道我开店后，都不约而同地问："是不是很好赚钱，才卖大尺码的衣服？"她总是笑着响应自己心中的想法，"因为想借我的专业，带给胖妞们靓丽与自信。"对他们来说，投资自己很值得，而关注的议题则包含微型开店、客源营销或商品策略。

"秀大衣"想要颠覆人们对胖的感觉，更要让丰腴的女性充满自信，张安秀推广产品的理念是"自信"及"舒适"，她强调，"我们有美丽的一面，更有独特的曲线，也有自我的风格，找不到，我们就自己创造。"因此，张安秀创立"SE"品牌，这是Show E的简称，就是"秀大衣"的公司名称："秀衣"、"秀出你的独特和唯一"。让客人能够穿上自己喜欢又舒适的衣服，"微订制"服务让丰腴的女性能够有自主的权利，达到"只有你选衣服，而不是衣服选你"的目标，同时她也经常提供专业的搭配建议，让每位顾客都能秀出自己的风格。

"在创业学习的路上，记录一些点点滴滴，回头时才能够知道，自己学了什么，减少犯错的机会。"秉持着这样的理念，张安秀运用网络人人都可以搜寻的特点，使用博客来推广"秀大衣"的理念，而不是张贴许多销售广告，不仅记录自己创业心得、服装课程学习心得、品牌课程学习心得、好文分享及心情札记等，同时也成为她与顾客沟通的重要平台。

除了帮胖女孩找到适合自己的衣服外，张安秀还有个在心里酝酿已久的梦想。她认为这个社会上有很多有爱心的人，靠自己的能力及力量照顾流浪动物，但却没有稳定的收入来源，到最后不仅让自己生活过得困苦，也间接让更多的流浪动物们无家可归。因此，她希望未来"秀大衣"有足够的盈余时，要成立"秀宝贝"动物之家，照顾流浪动物，让它们有所依靠，也让"秀大衣"的事业能够形成一个善的传递。

"创业时善用有关当地资源，就像多了好几位贵人相助。"这是张安秀与陈时选创业以来的感触，虽然自己只是微型企业，但懂得争取有关当地资源，包含培训课程、咨询辅导都是免费的协助，"借力使力，才能够让创业路走得长长久久。"2012 年，"秀大衣"已获得 SE 的商标许可通知，正式走上品牌之路，并以 Chanel 为目标，希望让任何人穿上 SE 的服饰，都能有穿着名牌的自信，未来她也将持续开发更好、更棒、更适合丰腴女性的商品，让更多女性秀出自己的独特和唯一。

三、微型企业功能与地位

各国微型企业发展因各地产业发展、地区特色、资源条件及经济形态的差异而呈现不同的意涵，例如在发展中国家，微型企业的功能主要是消灭贫穷，存在有社会救助的意义；另外，依据相关数据显示，许多微型企业主属于女性，若能对于以女性为主的微型企业提供相关辅导措施，将有助于改善女性生活，促进女性自主等社会功能。相对发达国家，微型企业则是呈现另一风貌；此乃由于个人教育程度很高，加上信息科技普遍发达，工作价值改变，工作形态多元化多样化取代传统组织工作方式，例如变形工时、部分工时等，有越来越多具有高度专业技能的人士自行创业，拥有微型企业，包括：律师事务所、以知识形态创办的个人工作室，或是现在正流行的网络事业等，所以微型企业对于发达国家而言，包含较多的创新与开发新创事业之意涵。

综上所述，发展中国家与发达国家对于微型企业在经济活动上所着重的方向不同，前者包含较多消灭贫穷及两性平等意义，后者则以促进创新作为其重要内涵。依据国内、外相关文献资料，微型企业所具有的功能，大致可以归纳如下：

（一）创造就业机会的引擎

微型企业在经营活动上与地方之关系极为密切，所以其对地方经济与社会发展最大的功能乃是可以创造极庞大的就业机会，亦即微型企业所需人力大多以雇用当地或邻近地方的劳工为主，对于地方社会与经济而言，尤其在面临经济景气低迷或产业结构转变时，若能促进微型企业发展，不但可以充分吸收当地及邻近区域所剩余的劳动人力，同时又可借此改善其生活水平，进而协助地方繁荣，以及促进社会安定。

（二）促进社会安定的支柱

一方面，尽管微型企业厂商规模不大，每家厂商所聘雇用的员工人数不多，但因厂商家数占全部厂商家数的比重甚高。依据中国台湾地区 2001 年所实施的"台闽地区工商及服务业普查"数据统计显示，其所雇用的员工人数累计约有 136 万人之多，占全部雇用员工人数比重的 20% 左右。尤其值得一提的是，这些微型企业在经营活动上通常与地方关系极为密切，其员工大多来自当地或邻近地方劳工，亦即这些微型企业成了当地劳工就业与所得主要来源。另一方面，微型企业的当地生产与消费特性，相对也提供了低收入户的重要生存依据。亦因如此，微型企业发展与否，不仅与地方劳工就业机会息息相关，而且由于提供充分就业机会减少失业所引发的社会问题，对于促进社会定安具有极重要的作用。

（三）扮演专业分工的角色

一般而言，微型企业在传统生产制造、市场营销方面较有弹性，可以充分发挥灵活经营特性，相对在创新研发、人才培训、资金取得、信息管理等方面却又因受到厂商规模较小限制而显得能力不足，通常难以达到规模经济。不过，微型企业若能利用其优势与具有规模经济的中大规模企业建立长期合作关系，则能使得其在其劣势上得以分享中大型企业所提供的准公共财（Guasi Public Goods）。亦即微型企业与中大型规模企业间，其生产与交易成本可以在比较利益考虑下，形成极密切的专业分工体系。

（四）孕育新兴产业的源泉

如前所述，微型企业在发达国家多为新创企业。许多微型企业是具有高度专业技能的个人在积累一定资金后，为求事业上更高的发展而自行创业的结果，如：律师事务所、顾问工作室、网络工作者等。此类微型企业在经营管理、产销上长期所积累的知识、技术等方面，并非仅是对企业本身或其产业之持续发展作出贡献，而是借此积累经验，以作为创造未来具有发展潜力新的产业之源泉。简单地说，在经营环境急剧变迁下，部分以微型企业为主的产业极有可能由于产业内、外在因素影响，致使其成长趋于迟缓，此时若能妥善利用其长期以来所累积的知识、技术，不但可以衍生其相关新兴产业发展，而且亦能形成新的产业结构。

四、中小微企业面临的重要挑战

（1）传统中小型制造工业与中小型传统商店面临规模缩小与亏损关闭之危机。

（2）市场超饱和，通路"短兵相接"，价格随时调整，业绩利润节节败退。

（3）交期加速，质量要求严格，原料上涨，成本上升，造成无利可图。

（4）重视商品品牌形象，商品水平与服务成本增加，利润被严重剥削与流失。

（5）商品更替快速，产品寿命压缩；资金不足，商品研发创新缓慢。

（6）立地商圈变化大，市场客群不易掌握，客户流失，业绩快速下滑。

（7）商品周转慢，库存堆积，资金不足，利息增加，经营压力倍增。

（8）政策束缚，法规束缚，运作缺乏弹性。

（9）经营利润退化成微利润，渐步入经营亏损，极易产生经营危机。

（10）用心经营，无利可图；想经营却无法生存的经营大挑战。

五、产业发展趋势

当前中国台湾地区经济应有的定位及产业发展方向——以制造为基础，往微笑曲线的两端以及上端发展。

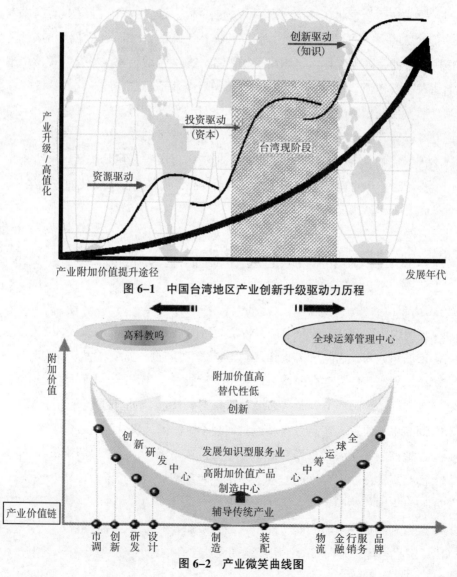

图6-1 中国台湾地区产业创新升级驱动力历程

图6-2 产业微笑曲线图

六、微型企业发展寻求地方资源辅导概念图

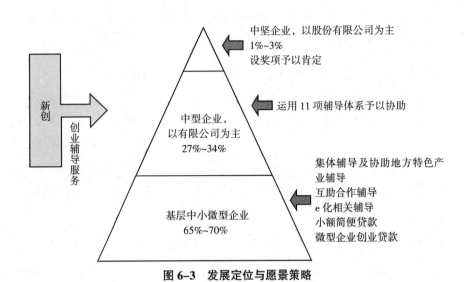

图6-3　发展定位与愿景策略

图6-4　中小微型企业创业发展的园地

七、实际案例

案例 6-1　善用产学资源　借力使力创业

辅导重点：有关当局补助申请、产学合作、转介育成中心

文创产业涵盖的面向很广，但是就广告设计而言，数字化无疑是一个重要的分水岭，澄智设计的黄子腾，刚好就在传统平面广告设计与数字化交界的时间点上进入这个领域。

黄子腾曾经受过相当的广告设计训练，从最早的手绘 POP、灯箱设计等开始，创业时适逢网络之风兴起，有大量的网页设计需求，他从个人接案的 SOHO 族转而开设了自己的设计公司，以网页设计为主，兼收平面与产品包装的设计案。其实 SOHO 族接案的工作方式到一定程度就会面临"瓶颈"，原因是不论有多少创意，一个人最多也只有一双手、一天二十四小时，但是如果成立公司请员工又要面对营运成本的问题，如果找在校生，特别是美术设计相关领域，要到哪儿找能够操作软件、对基本网页设计语法有概念的人力？

黄子腾在中区中小企业创业创新服务中心引荐下，因地缘关系，不仅能够充分运用学校资源，许多熟悉软件的青年学子也可以因应生意的旺季或者临时邀约的大业务，如此一来解决了人力缺口问题，接业务的规模和金额也就能够更上一层楼。

创业迈向第四年，黄子腾现在旗下有专职的设计，也有可以长期配合的在校生，他认为从 SOHO 族到成立公司，后者明显获得比较多的有关当局协助，这样的优势值得许多想要突破个人接业务的专业工作者参考。

案例6-2　用跑马拉松的耐力，开发创新反光防伪技术

辅导重点：品牌建立

菱山科技的创立者徐焕清从小在家务农，他形容家中的环境完全就是"靠天吃饭"，在这样艰苦的成长背景下，他从小就想创业，但是由于家境不好升学受阻，因此五专毕业之后他就开始工作。

学机械的徐焕清从所学的学科开始了他的研究，除了多方涉猎相关知识，他也先后找来很好的研发团队，其中不乏博士学历的优秀研究人员和工程师。目前菱山科技最重要的技术就是以微粒玻璃珠产生折射的反光防伪技术，这是菱山科技多年努力的一大里程碑。

徐焕清指出，这个技术可以应用在逃生门、车牌、门牌，或者一些蓄光的设备，比如白天储存光源晚上会有夜光的消防系统、指示灯等等，除了反光之外，菱山科技所开发的防伪技术更具有领先同业的优势，过去许多防伪系统不但不易用肉眼辨识，甚至连专家都还要倚赖仪器来识别，徐焕清带领开发团队所研发出的反光技术，只需要肉眼就可以辨识，去年捷安特董事长率自行车队从北京到上海的车衣，就是以徐焕清所开发的反光材质制作，足见未来这些技术还有很大的产品化、跨领域合作的空间。

耗费十几年的时间研发、取得专利。徐焕清指出："做这种产品或者技术的开发，你不可能只领先对手一步或者领先一天，因为科技永远都是日新月异，一点点领先很快就会被超前。"走过漫长的研发之路，徐焕清说今年可说是菱山科技准备收割的一年，未来将继续和北区创业创新服务中心等有关当局单位合作，为中国台湾地区专利技术与产品的海外营销打开一片天地。

案例6-3　用活动营销　让大家认识客家美食

辅导重点：网络营销

走进廖妈妈在台中的客家餐厅，不难发现这里中外人士都有，许多外籍人士假日经常来餐厅吃饭，原因无非就是因为这里的客家料理地道、实在又有特色。大家习惯称呼"廖妈妈"的廖罗雪女士，以"元园廖妈妈的店"推广客家美食，如今已经是许多农会家政训练班最受欢迎的讲师，"廖妈妈"的儿子廖

国智过去还曾经碰到外籍客人，千里迢迢带着他们家的豆腐乳罐子来餐厅，因为这些古朴又有东方味道的器皿，使许多外籍人士爱不释手。

一般人对于餐厅的看法，不外乎料理实在、美味，做起口碑之后就要开分店甚至变成连锁，不过准备接棒的廖国智并不会这样想，从小看着家中长辈在餐厅中工作，也观察餐饮业的起落，他认为展店过度只会带来质量的下降，进而影响餐厅的形象与声誉，于是他选择了走另一条路——结合客家美食与美食节活动，以活动营销的方式，让客家料理得到更多认识："与其开很多店让大家都很累，不如稳稳地把老店做好，让长辈们有一个很好的舞台，每天在成就感中工作，看见来吃饭的客人们欢喜满足的笑脸，比多开几家店更重要。"

由这个出发点，廖国智开始与各大美食节、美食展合作，来营销客家料理，他说："美食活动可以非常多元，可以针对客户需求、针对节庆或者展览，最大的特色就是保留原有的客家文化的味道，我们也了解现代人重视健康，因此使用健康的食材，让身体没有负担，自然就能受到大家的欢迎。"廖国智除了中小企业处的网络商务营销课程外，也经由圆梦坊高顾问建议，推广网络订购宅配服务及博客营销，增加非店内销售商机，拓展通路，经执行后，引客成效及反应皆令人满意。在传统与现代之间，廖国智为廖妈妈的餐厅找到了一个新的起点。

案例 6-4　打造环保自行车衣　带领创业梦想再出发

辅导重点：财务规划、商机交流

于佳麟高中毕业之后凭着一股冲劲，骑着小绵羊机车就开始做成衣业务，很快地打下对成衣制造知识层面的基础，也拥有了属于自己的成衣工厂。不过这样的风光却在他狠狠跌了一跤之后黯然落幕，回想过去的种种，于佳麟认为："这个挫折是我人生中一个很好的经验，我对此心存感恩。"

因为有失败的前车之鉴，于佳麟二度创业从自己熟悉的成衣领域再出发，于佳麟对这个行业有了不同的看法，他认为（时尚，质量，创意，机能性）他开发产品的重点除了要漂亮、好看，质量更是所有商品的基础，在中国廉价商品倾销的环境下，他认为研发与创新的能力是胜出的关键，因此他也投入相当多的资源进行研发："或许比价格我们没有竞争力，但是如果别人做防水，那我们不但要防水还要防泥巴；别人做排汗，我们就要能排汗还能抗UV，很多研发还在默默耕耘的阶段，但是我相信客户可以看得见成果。"

特别值得一提的是，于佳麟在研发的过程中不断寻找更符合环保和人体工学机能性的材质与产品。最近开发的新产品如LED车衣，既节能省电又轻巧，同时也兼具环保和安全的特性，虽然是个小公司，但是像3M等知名大厂都表示愿意合作，表示这样的理念能够被认同。

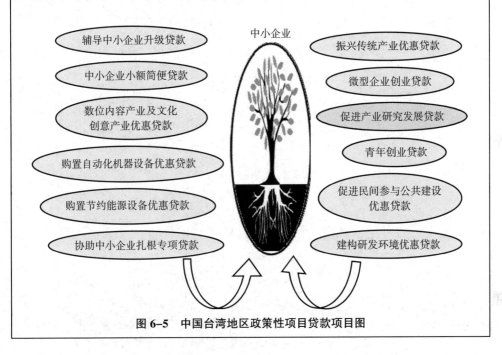

图 6–5　中国台湾地区政策性项目贷款项目图

第七章　领导力　勾勒愿景引领团队共创新局

开创事业是件吸引人的事情，要成功不仅要有积极的创业态度，还要有正确的创业观念。以下九节内容是我们整理的创业操练，将是你开展事业的首要之道，如果你已经有了基本功，这些操作诀窍可以用来加强内力。如果你还是创业的门外汉，这些绝对会是你入门的法宝。

一、资金操练

四个创业资金关键点：资金募集、资金运用、资金获利偿还、止损点。

创业凭的也许是一份冲动，但要迈向成功之路需要的却是缜密的计划，尤其是一份完整的获利计划。除了详细记载资金的运用，还要有一个详细的时程（日程）上的规划。从创业计划的几个阶段来看，创业者关注的资金问题分别会是创业初期如何募集资金、运用资金，创业以后的获利与偿还规划，以及创业不若原先设想顺利时，如何制定个认赔杀出的止损点。

（一）募集创业资金

募集资金是开创新事业最关键的步骤。一般来说，资金的募集分为自有资金及外来资金两种。自有资金大部分就是存款，而外来资金的来源比较复杂，可能是亲友募集、银行项目贷款或政府与行业协会的青年创业贷款。在募集资金时还需要确认是独资还是合伙，这两种事业模式各有其优缺点（如表7-1所示）。独资的资金来源很简单，包括贷款、人情借贷，通通一手包办，优点是日后不曾有太多资金上的纠纷，缺点是金钱压力完全得由你自己承担。如果合伙，优点是压力或风险都可分摊，缺点是合伙人之间易生冲突，甚至闹到彼此翻脸相向。

独资老板的创业秘诀：

（1）衡量自己的能力是否能够负担，千万不要逞一时之强。

（2）计算自己把钱全数投入后，多久可以回收，在此期间，自己是否能够负担生活所需，如果不能，是否考虑设定止损点。

（3）因为是独资，所以每一项支出更要小心翼翼，所有钱都要花在刀刃上，如果不是必要的花费，最好考虑是否有替代方案。

合伙老板的创业秘诀：

（1）要先找到志同道合的伙伴，不一定要非常要好（默契、合适），但至少要能够沟通。

（2）合伙事业体最好不要2个人，最小的组合应该有3个人，只要意见不同很容易闹翻，3个人至少有1个人可以扮演调停的角色。

（3）在确认合伙前，要确认出资比例。最好明订合伙契约，将出资比例、权责区分、获利分配等条列下来。游戏规则越明确，以后发生冲突纠纷的机会越可降到最低。

案例 7-1　撰写经营计划书凑齐资金，将阿嬷的好手艺流传下来的番薯包

主要产品：番薯包、草仔粿、芋粿包

创办人罗敏文，大学毕业后即在台北一家电视节目制作公司担任助理，经过2年后，现实社会仍有低薪的生存方式，她知道自己可以勇敢面对挑战，于是萌生创业的想法。罗敏文的奶奶总是替他人着想，勇敢挑起家中的经济重担，凭着刻苦耐劳的精神和一手好厨艺，让奶奶在嘉义开设的餐厅总是高朋满座，奶奶逝世后，目前嘉义也只剩下简单的"中央工厂"了。公司取名为"英和"，也是沿用奶奶的"英和食堂"。由于传统行业跟不上时代变迁，罗敏文也深谙在电视节目中曝光的效益，为了将奶奶的好手艺流传下来，她开始重新包装、改良、营销，并运用节目制作经验，碰巧堂弟退伍正要迈入社会求职，两

人随即开始筹备创业。

创业初期，罗敏文先撰写经营计划书，亲自拜访每个有可能投资的股东，并以 E-mail 的方式联络海外的潜力股东，终于凑齐 72 万元的资金，并召开股东说明会，陈述一整年的营运计划，让投资的股东了解资金的用途。此外罗敏文也参加许多有关当局举办的免费创业课程，学习创业初期需要注意的事项，经过规划后她决定推广改良后的冷冻包装。除了网络团购外，也定期在百货店、市集贩卖，而台北市的许多餐车更提供了合作寄卖。"黄金番薯包"是罗敏文最推荐的一款商品，"即使现在许多观光景点都能吃到番薯包，但大部分的皮都是用粉做的，吃起来口感不佳，内馅也不如'英和'的真材实料，且'英和'产品都没有添加物、防腐剂、毒淀粉，让消费者随时可以享用过去在观光景点才有的特色小吃。"

创业中总会遇到困难，罗敏文则始终保持着正面的态度。积极开发市场、找寻客源，尝试各种销售管道是罗敏文目前主要的经营策略，创业至今她的最大心得是体悟老板与员工的不同，创业者必须承受比一般员工或上班族更大的责任与压力，遇到问题就要勇于请教或寻求协助，多和不同领域的专家沟通，他们都有可能会提出敲醒自己或是提供自己没有想到的建议或解决方案。罗敏文勉励欲进入食品业的创业者，除了产品好吃之外，需了解现代人对食品的要求及接受度，例如：健康的需求、产品的检验，都是现代人越来越注重的事，所以绝对不能赚黑心钱！

表 7-1　独资与合伙的优缺点

	独资	合伙
优点	1. 资金纠纷少 2. 资金运用较自由	1. 金钱压力小 2. 风险分摊
缺点	1. 金钱压力大 2. 承担风险高	1. 资金纠纷多且烦琐 2. 资金运用必须互相尊重、互相牵制，比较受限

（二）运用创业资金

有了资金之后，怎么分配使用，就成了最重要的一个环节。很多创业者在有了资金后大举买进器材，以及一些现阶段不是很必要的工具，把手头上的现金花得精光，导致后来资金方面产生问题。所以，包括从一开始的开办费用、办公设备的购买都要有规划，保留一定比例的资金以备不时之需。

资金的运用与安排大体上分为两种："开办费"及"每月固定支出"。其中扣除掉首月的固定支出，还需要准备几个月固定支出作为周转金。一般，周转金的准备需要有6个月的缓冲期。为什么是6个月，而不是1个月或3个月呢？这是因为你创业所得很可能不是现金也不是即期支票，而是几个月后才兑现的支票，如果没有准备足够支付成本的周转金，在这段时间内很可能便会因为资金周转不灵而倒闭。

算出周转金的创业秘诀。

预估周转金的算法有很多，我们提供一个最普遍的公式给读者参考。周转金计算公式如下：

创业资金 −（开办费用 + 固定支出费用）= 剩余资金（周转金）

剩余资金 ÷ 每月固定支出 = 周转资金期限（最好要大于6）

举例来说，如果预计有100万元创业资金，开办费用、首月固定支出费用和每月固定支出分别是20万元、10万元和8万元。按上述公式计算：

100万元 −（20万元 + 10万元）= 70万元

70万元 ÷ 8 = 8.75月

也就是说在这100万元里，还准备了至少8个月的周转金，因此这会是一个资金运用较为妥当的创业方案。

表7-2　资金运用计划表

类别	项目	内容
开办费用	装修费用	所有的装修费用，包括油漆、整装、招牌等
	租金与押金	单月月租×2
	设备器材费用	包含所有的固定资产（办公文具、计算机设备等）
	杂支	从筹备阶段的杂费（合所有会议的开支），到公司行号设立的登记规费等
每月固定支出 （至少预估6个月）	店租费用	单月月租×6
	人事成本	人数×单月月薪×6
	原物料费	每月成本（含所有进出货成本及必要杂支）×6
	水电费用	单月水电费×6
	应付本金及利息	（单月贷款应付本金 + 利息）×6

（三）资金的偿还与获利计划

创业者也需要有明确的获利计划，这关系到事业是否能够长久，所以更要谨慎评估，宁可低估获利，也不可太过于乐观。有了获利的计划，也要规划借贷的偿还。在预估获利的时候，必须注意到以下三个要点：

（1）高估支出，低估获利，避免太过乐观的预估，导致资金在流动上的缺失。

（2）要设立收支止损点，避免不必要的损失。

（3）预估获利，要核算出几个月可以回本，在回本之后多久可以清偿债务。

预估获利的创业：

要预估获利，创业者需要花 1~2 个星期的时间密集观察自己商店外经过多少人车。其中又有多少人进店消费。再按以下的简单公式估算获利：

客流量×来店捕获率×平均每位客人消费金额×30＝每月可能的营业额

每月可能的营业额 – 每月可能的总支出＝每月可能的净利

其中来店捕获率（可能进店消费人数）的算法如下：

表 7–3　来店捕获率算法

1	行人捕获率	1 个小时进店消费＿＿＿人，除以 1 个小时行人共＿＿＿人。
2	机车捕获率	1 个小时进店消费司机＿＿＿人，除以 1 个小时司机共＿＿＿人。
3	汽车捕获率	1 个小时进店消费司机＿＿＿人，除以 1 个小时司机共＿＿＿人。
	然后 1 + 2 + 3 = 来店的总捕获率	

得出可能的每月净利后，就可以粗估几个月可以回本，回本后才算真正地开始获利，也才能依比例提出资金偿还债务。

（四）设定止损点

很多创业家不重视止损点的设定，总以为今天创业，就是要成功，抱着不成功便成仁的心态，其实是非常要不得的。即便是一般的投资，也要设立止损点、止利点，到达一定的损失就要认赔退出，到达一定的获利就要见好就收。当然，止损点的设定，要考虑到个人的风险承受度如何？你的心理感受是怎样？你可接受的经济条件为何？甚至，连你所从事的行业在整个业界中的表现也都是考虑的指标。

设定止损点标准的创业提示：

以下，特别为各位整理两大因素，让各位清楚止损点设定的标准。

表 7-4　不同因素下的止损点设定标准

内在因素	1. 风险承受度：年轻的创业家，可以将止损点的标准提高，遇到困难，不必要急着收手 2. EQ 高低：EQ 高的人，止损点的标准可以提高，因为情绪较不易受到影响 3. 经济条件：本身的经济条件越好，止损点的标准当然可以提高 4. 家庭负担：单身无负担的创业家，相对较无包袱，止损点的标准自然不用和有家庭的人一样
外在因素	1. 经济环境：如果经济越不景气，止损点的设定就越要谨慎，不可太过乐观 2. 政治环境：政治环境也会冲击产业的发展，也是考虑的重点之一 3. 产业环境：先评估所从事行业的热门程度，越热门的产业表示竞争越激烈，但相对的机会也就越多

二、贷款开业

筹钱是创业前最大难关。要靠人情借、向银行贷款和申请政府优惠青年创业贷款，下面提供这三种筹钱方式的关键点。

一般来说小额创业的投资金额都不高，大约 50 万台币，相对来说，通常较为容易筹措。筹措资金的方式很多，包括向亲朋好友们借款和"标会"，或者是向银行申请小额信用贷款、项目申款，或争取政府提供的低利青年创业贷款，这些方式都可以很快地筹到你所需要的资金。

（1）向亲朋好友借贷——省息的好方式。

适用于 30 万台币以下资本额的创业家。

通常来说，向亲朋好友借贷可以分为两种方式。一种是单纯的借贷关系，最好彼此可以写下借据，一式三份，你自己及对方留存一份，另外再找一位共同信得过的朋友来当第三公证人。借据上，除了载明借了多少钱，借贷双方的姓名及联络方式外，更要将借贷期限多长，什么时候开始偿还，多久可以偿还完毕等相关信息载明清楚。至于利息的部分，因为是自己的朋友，所以可以要求把利息降低，但最好不要彼此约定免利息，因为这对贷方不公平，也是不合理的要求。另一种就是所谓的"标会"。标会属于一种民间性质的储蓄借贷关系，通常有一个会头，起一个会，每次都会有人标走当期会款。当你不想跟单独一个朋友借钱时，也可以号召大家起一个会，由你下首期会款，以后再按月还给大家这笔钱。这和银行借贷有些雷同，唯一的不同点在，标会对你来说利息较银行来得低，又可以很快地筹备到一笔大款项，而你的朋友们也可以拿到高过银行的定存利息，皆大欢喜。

（2）向银行贷款——选择多不求人的好方法。

适用于 30 万~80 万元资本额的创业家。

因为银行贷款的种类太过繁杂、多样，所以很多人在还没有搞清楚贷款内容前，就被银行项目人的口吐莲花给讲得一头雾水，最后，连自己办怎样的贷款都不清楚。其实，如果是小额的信用贷款，通常分为"有担保"和"无担保"，担保的就表示你可能要有房子有地契，或者是有两个信用足以担保的保人来帮你担保，这样银行所核款项有可能会达到你想要的数字。但是如果你申请的是无担保的小额信贷，银行只凭你的工作证明、薪资证明、以往的信用证明，相对说服力还不够，银行在核发款项的时候，也不容易核发全额（例如，申请 50 万元贷款，银行可能只愿意借你 30 万元）。

尤其是在办理银行的项目贷款时，一定要多家比较。如果你借贷的金额只是想作为短期周转之用，也可能要寻找可接受的年利率，还款时程不太长的银行。不能说你只想周转 3 个月，银行却要求要 3 年摊还，这样很不划算。

（3）青年创业贷款——特级推荐良方。

适用于 100 万元以上资本额的创业家（要有企业负责人资格）。

青创贷款可以说是政府的一项德政，对符合资格，有创业企划书，有心想要好好开创自己事业的人来说，绝对是最好的贷款模式。在申请资格的部分，规定申请人必须是企业的负责人，而且企业必须成立至少 1 年以上。也就是说，青创贷款并非是给完全没有事业基础的创业家申请，而是给予创业之初的创业家一种较为优惠利率的贷款，来帮助他们创业更为顺利。同时，因为补助的名额有限，所以申请的过程中还要检查创业企划书，让对方了解你的创业方向成功率，这是和其他贷款不同的地方。此外，创业贷款申办的方式和一般贷款相仿，同样都要到银行办理，不过只有数家指定银行办理青创贷款。

青年创业贷款的申办程序如下：

（1）填写《青年创业贷款申请案件查询》、《青年创业贷款计划书》一式二份、《借款申请书》、《个人资料表》及《切结书》等申请表格。

（2）备齐文件向指定银行提出贷款申请。

（3）银行依据申请人所提供的文件，办理审查及征信作业等手续。

（4）静候通知，约指定天数后。审核通过，马上由银行负责汇款。

申办需注意条件如：青年创业贷款申请资格、申请额度及利率、应检附资料、承办银行。

三、操练选择开店地点

开店地点直接关系到租金和客源多寡，开店地点四周的竞争对手也大大地影响一家店的竞争力，是事业成功与否的关键。

开店的地点或是进驻的商圈，是你开创新事业前很重要的抉择。当你选择要进驻一个商圈之前，必须经过一些详细的评估来确保会有客人上门。进驻商圈最重要的要从几个方面来下手，租金是否合乎地价？如果你创业的行业需要人潮，那整体的环境是不是有这样的商机？附近是不是有相同的竞争对手？附近居民的消费能力有多高？我们将这些问题归纳整理为以下四个方向。

（一）租金的考虑

一般来说，能够花多少钱在租金上要以自己的营业总额和预估营业额来做评估。通常，对小额创业家来说，越便宜的租金，每个月所需负担的压力就越轻。但是要先权衡一下附近店面的普遍租金，便宜的店面很可能是房主有债务，或者地点不好，甚至可能发生过一些事情，让房主急于出租脱手，才有可能把租金降到当地平均水平下，在承租前一定要多家比较，千万不要贪小便宜，因小失大。

（1）为了避免压低净利，租金的成本最好可以定在月营业额的 15% 以内，最高不要超过 25%。一般来说，最好的情况是控制在 10% 左右。

（2）如果预算不够，或不想花太多比例在租金上，不妨分租楼层合并使用，或者和地下合并使用，再不然，就是结合其他行业，以复合式经营的模式分摊风险。

（二）环境的考虑

在评估环境上，要注意两项重要因素，一个是交通，另一个是商圈。交通越便利的地方往往正是商圈所在，尤其是车站或捷运站，学校或者工业园区附近，越是人潮汇流的地点。

（1）在挑选店面时，好的地点一定早被人家抢走，建议你可以试着从车站、捷运站、学校或工业园区往外走，多走多看，汇总整理人的流动路线，然后再找出租金可接受的地点。

（2）评估环境时一定要注意，由于人们有向往繁华商圈、大型购物中心及特色化商店街集中消费的习惯，因此，虽然这些地方的开店成本相对较高，但绝对会比租金低、竞争对手少的地区更为划算。

（三）竞争力的考虑

当你决定要开店的同时，无形之中就会产生很多竞争对手。通常，我们把竞争对手分为两类，分别是同构型很高和经营同类项目。

（1）第一类是同性质的竞争对手，这种对手对于新创业，尤其是小额创业家的压力最大。因这些老商家已经有固定客源，要在附近再开一家同性质的店，是否具备竞争条件是值得考虑的重点。除非是附近的消费市场大到可以再供应你这家店，否则并不建议冒险挑战老商家。

（2）第二种对手，是对手的店面中有经营相同的商品。譬如说，虽然你打算开的是宠物店，主要卖猫狗，竞争对手开的是水族店，但是水族店中也有经营宠物买卖的，这样所服务的项目就会产生冲突，也是能避免就尽量避免。

（四）消费力的考虑

消费力是支撑一个商圈最重要的因素，从以下几点可以加以评估。

（1）衡量该地区的人口数及成长率。由人口数和成长率，可以预估未来几年这个地区的人潮，也可以看出一个趋势，以便估计未来的获利。

（2）衡量该地区收入水平及消费习性。由收入水平得知到消费能力可以到怎样的水平，并借助消费习性的分析，知道你所想要开创的事业在这个地区的发展性有多大。

（3）衡量该地区人口结构。人口结构是老人多呢？还是中壮年居多，或者以年轻人为主力，这些都影响到这个地区的消费状况。年轻人居多的地方和老年人居多的地方，他们对于商品的需求不仅程度上有不同，就连样式也会有很大差异。

（4）衡量白天及夜间流动人潮的差异。白天和夜间人潮的多寡，当然也是影响所开创事业类型的重要因素。开早餐店的总不能开在夜生活较兴盛的地区，相对地，酒吧也不能开在白天才有人潮的文教区。

表7-5　开店考虑因素一览表

开店地点		
四个选店面的思考方向	考虑点	衡量标准与建议
租金的考虑	1. 租金成本是否合理？	占预估营业额的10%~15%
	2. 所选商圈租金太高怎么办？	合并楼层或复合经营
环境的考虑	3. 如何选择人潮汇集的开店地点？	找出人潮流动的路线，在该路线上找适合的点
	4. 要选择租金高的商圈，还是以压低租金为首要条件？	繁华商圈、大型购物中心及特色化商店街租金高回收也多
竞争力的考虑	5. 是否有同构型的竞争对手？	避免与竞争对手邻近开店
	6. 是否有经营同项目的竞争对手？	避免与竞争对手邻近开店
消费力的考虑	7. 该地区的人口数及成长率为何？	预估未来几年这个地区的人潮
	8. 该地区收入水平及消费习性为何？	得知自己的事业在这个地区的发展性有多大
	9. 该地区人口结构为何？	老人和年轻人的需求不同
	10. 白天及夜间流动人潮是否有差异？	白天及夜间流动人潮属于不同消费族群
	11. 假日及非假日流动人潮量是否有差异？	假日大量人潮是否足以支撑非假日的惨淡业绩

（5）衡量假日及非假日流动人潮的差异。有些地方假日的时候才会有人潮，像是中国台湾地区捷运台北淡水站附近，每到假日门庭若市，但平常时闲则乏人问津。学校附近可能就平常上下班有人潮，但假日及寒暑假期间，可能只有小猫两三只，这些都是在评估上很重要的考虑点。

罗列想开店区域商圈的行情表，如表7-6所示，范例提供给各位做参考。（单位：人民币元）

表 7-6　开店区域商圈行情表

商圈	路段	每平方米每月最低租金	每平方米每月最高租金
××商圈	××至××路段		
××地铁商圈	××徒步区		
××广场商圈	××至××路段		

四、操练完全顶让技巧

选择顶让的好处有哪些?

创业新手可能不清楚顶让有什么样的好处? 并且顶让也分"整间顶让"和"部分顶让"。就让我们先来弄清楚顶让的种类,再看看选择顶让的两大理由。

顶让的种类:

"整间顶让"指的是将所有装潢、设备、货品一并接收,通常适用于同行业的顶让。譬如说同样要做餐饮业的生意,因为几乎所有设备及装潢都可以接续使用,因此可以整间顶下来,不需要额外的付出。"部分顶让"是只顶让你所需部分,可以分为店面的承租,或者是设备的顶让。店家要转换行业,不必要的设备可能要售出,这个时候可能就会进行部分顶让。

选择顶让的优点:

顶让是创业的快捷方式。对于小额创业的人来说,顶让店面绝对是一条通往成功创业的捷径。因为有的店面——屋主在转让的同时,也会将设备一起转让甚至是装潢等等,都连带附赠。你不必从无到有的重来一遍,只要接收他人的成果,继续做下去就可以了。选择顶让省时又省钱。为什么说顶让店面省时又省钱呢? 所有的设备,可以从前任店主的手上接收,连装潢布置等开销都可以省下一笔。创业者最在意的就是金钱,如果在创业之初就可以省下一笔不小的开办费,那可真是巨大收获。

顶让店面可是一门大学问,从情搜、探访、询价、讨价,简直就是活生生的商场学！学得好的，不一定成功就快，但学不好的，肯定要让市场淘汰。

顶让店面是创业途径中最快也是最省钱的一招。不仅省下了装潢时间，还省下一大笔设备费用，可说是一举两得的创业捷径。不过，顶让店面也有其风险，不管是不良屋况造成的问题，或是顶到一间外围竞争对手多，设备不完全，还得花钱添购的店，都是顶让可能遭遇的隐藏陷阱。我们特别走访中国台湾地区各大商圈，为读者整理出顶让店面的 6 大步骤，10 项非注意不可，让你避过转让陷阱，顶到内行人才看得出来的好店面。

（一）绝对不会错的转让步骤

当你考虑要用顶让店面的方法来开创新事业时，可能不知道应该做些什么？究竟转让要有哪些必办事项？以下提供 6 个步骤，帮助你轻轻松松办妥店面顶让。

1. 搜集情报

当你决定要顶让店面时，"情搜"就成为第一优先的动作。情报搜集得越多越详尽，你所拥有的优势就越大。货比三家不吃亏，做生意也是这样，创业之初贵在勤，即便搜集店面资料这种事情。

2. 询问状况

询问是一个重要的动作，仔细地询问，才能确保以后不会有问题。尤其当你选定一个地点或一个固定区域后，要征询你想顶让的店面是否还在营业？如果还在营业，为什么要转让？是因为做得不好吗？还是有更好的目标？如果没有营业，为什么会歇业也是很重要的信息。另外，就连顶让费用和程序也都可以事先用电话进行初步的询问。一方面确保自己的利益，另一方面也可展现自己的诚意。

3. 规划预算

初步询问之后，就要开始设想你的创业预算里有多少金额可以用来支付顶让费用。一般来说，顶让的费用尽可能不要超过创业预算的 40%，因为你还有其他的开办费用、进货成本，以及保留周转金等，千万不可在创业初期就把预算都花光。但如果地点很喜欢，也可以采用分期付款，那就要将头期款及每个月应付金额通通计算一番，以求得对自己最有利的做法。

4. 实地走访

话说眼见为实，你要顶让店面当然得先实地走访一遍，千万不可因为和屋主在电话里相谈甚欢，不假思索就决定。而且，最好找有顶让店面经验的人，一方面是因为他们比较了解店面顶让的细节，能够替你看出问题在哪里；另一方面，找有经验的人陪同前往，他们对价钱也比较有概念，可以在一旁协调彼此对交易金额的分歧。

5. 搞清状况

要弄清楚转让问题。譬如说，店主的技术是否会全权转移？怎么转移？客户群要怎么处理？与房东确定租期多久？租押金多寡？甚至是彼此的营利事业登记证、水电费负责人等，是否将随顶让而转移负责人？这些都要在见面之后，经过详细的沟通讨论，都确认清楚后再下决定。

6. 签订契约

双方一定要以白纸黑字签订权利义务。这不是对彼此不信任，而是对双方的一种保护。就连同资产清单、顶让条件都得注明得清清楚楚，不能有任何的疏忽。另外，如果有加盟，可能得和加盟总部重新签约，将彼此权利与义务的规范都明确写出来。

（二）非注意不可的顶让秘诀

顶让店面时，最怕碰到店家在旁拼命蛊惑。强力促销下，你很有可能从原先60分的喜欢，变成有80分的勉强满意度；不过顶让之后，才发现自己的不喜欢成分其实还是很多，甚至陆续有当初没有注意到的问题浮现。如何避免自己一时把持不住，选了条件其实不那么好的店面，以下10点非注意不可，让你踩着别人的经验学教训。

1. 房子结构是否完好？

要仔细对房屋的整体结构做一番检视，尤其是房屋的结构体，是不是有漏水的地方？水管是否会逆流渗水？墙壁是否因为地震有过龟裂的情况？都要在一开始就在房东陪同下仔细地检视。

2. 需要整修的地方有哪些？

房屋结构检查好了之后，把需要整修的地方一项项列出来，譬如天花板的渗水、墙面的龟裂等，然后再和屋主商量讨论，看看怎么来整修，费用应该怎么负担，千万不能等到以后才来解决，这样容易引起不必要的纠纷。

3. 房子所有权的归属为何人？

要弄清楚房子是前店主自有，或者是他承租而来的。如果房子是自有的，那只要跟房主订好一份转让契约，租金部分也较容易商量。但如果是承租来的，你就得跟两个人交涉，变量会较大。

4. 租金与押金有无其他规定？

屋主有无要求租金应该每个月几号付，怎么付？押金是一个月、一个半月还是两个月？租期最长可以多久，至少要承租多久？都必须先确定。

5. 店内设备是否堪用？

很多人一看到前店主愿意转让所有设备，就见物心喜，马上付钱把设备转移到自己名下，但用没多久却发现，东西坏了，那你应该向谁声明赔偿？当初你已经点收，就表示你已经概括承受设备的好坏，也就没有立场可以讨价还价。所以，一开始就要检验设备的好坏，尤其，大部分的设备都有折旧期，要花点时间注意。

6. 四周竞争是否激烈？

如果你要开的是中式早餐店，周围已经开了四家同样的早餐店，你就要考虑市场是否还有需求？如果市场已达饱和状态，即便你的服务再好，也很难有生存的空间。所以在顶让店面前，也要对附近的商家做简单的调查。

7. 环境是否适合营业生存？

我们生活的环境常常被归类成文教区或声色区之类，如果你营业的项目并不适合在这个区域中，那还是尽早另寻出路。

8. 未来附近有无重大建设？

如果顶让的店面附近有捷运地铁工程正在兴建，相对的租金等价钱会提高不少，但是，刚开始花一点小钱，可以预见的是未来的荣景。附近如果有学校、工业园区、科学园区、车站等等，就表示有人潮，人潮就是商机，可得好好把握。

9. 店面转让的主要原因？

如果是因为原店主经营不善，导致亏损连连而要将店面转让出去，这时候可要好好考察为什么之前的生意做不起来。通常，人力不可抗拒的状况，即便是换了老板也很难扭转局面。

10. 附近的评价如何？

要转让店面的商誉，也是相当重要的一件事。如果在你入驻之前，这家店面的外界评价很差，那你可能要多花时间来改变他人的固有印象，甚至还得花钱公关打点、重塑形象，反而得不偿失。

(三) 招徕生意的店面风水学

"风水"，就是一种依照环境来判别运势的方式。创业开店需要"天时、地利、人和"，天时主控在天，人和靠的是个人，地利就是风水。所以顶让店面也需要踏勘一番，运势或许从此一帆风顺，甚至是一飞冲天哦！

1. 光线必须充足

店面首重光线，光线昏暗的环境会让人昏昏欲睡，当然不利于做生意。如果有高楼、大树等，也是不利的环境，容易挡住财路。改善的方式很多，可以加强店内的灯光，只要店面一开，就把所有灯光打开，让店内充满明亮的光线，员工做起事也会很有精神，生意肯定会更兴隆。

2. 选择开门店面

通常开门店面就好的风水有三种："九曲之地"、呈"弯抱状"或"双合水"的马路。什么是"九曲之地"？就是开门店面前的马路呈现弯曲的状态，顾客会像流水般地流入你的店面。呈弯抱状的马路，因为呈现半弧形，所以较易聚财。而双合水，简单地说，就是店面位于两条马路呈垂直的交界处，俗称"三角窗"，人潮车潮容易停下来驻足。

3. 留意办公桌位的摆放

创业者在办公桌的摆放上也可以多花点功夫。如果有两名以上员工，办公桌的摆设要避免面对面，可减少口角、对立。而不管是谁的座位，椅背最好可以靠墙，背后有靠山，员工才会做得长。办公桌的上方也应该尽量避免横梁，压梁容易造成工作不顺。

4. 店面开运小秘方

如果要加强店面里的财气，可以在正对门口的地方，摆上一个水族箱，水流动代表财气的流动。或者，可以在办公桌上摆九盆小盆栽，利用植物的天然生气，可以帮助店面里气流的运动。

五、操练搞定进、销、存

从管理进、销、存货创造大营收。

当老板最关心的就属"如何做好进、销、存货管理"了。

进多少货？保留多少比例的存货？

教你抓重点调整进货策略，填表格完整记录好管理。

什么是进、销、存货？对很多人来说，"进货就是买进，销货就是卖出，买进卖不出的就是存货"。当然，这是进、销、存的基本概念，但如果单用这种思维来做生意，想要用小资本来创造梦想，可能是南柯一梦。进销存是关系到新事业能否经营下去的关键，我们分别就"进货"、"销货"及"存货"进行说明。由于进、销、存三者彼此相关，所以虽然可分开比较来说明，实际经营时必须要通盘考虑，否则顾此失彼，可能赔钱退出。

（一）掌握进货

当你决定要卖什么时，这时候就会碰到一个问题，要进多少货？除了一开始预估销售量来进货，开业之后还要以你开店的环境、竞争对手、市场反应价等，随时调整进货量。以下提供给你三个观察要诀，让你开店快速抓到进货策略。

1. 开店一周看反应

通常刚开店的前几天，人潮会因为好奇而进店随便看看，加上还有配合的营销活动，这是快速建立基店，聚集客源的推广期。这段时间一般不会超过一个星期。所以第一周可以当作一个评估点，配合第一周的出货状况，计算库存量，订定下一周或往后的进货量。

2. 单一多样要决定

很多人在进货时，很难决定进货的款式究竟要以单一品项为主，还是要进多样商品。单一商品的可挑选性较小，但是集中度较高，商品容易受瞩目也较好管理。多样商品的集中度不够，但对顾客来说挑选性较高，容易增加进店比率。这两种进货策略有好有坏，可在开店第一周做简单的市场调查，由进店的顾客中，询问他们的想法，抓住目标顾客需求再来调整。

3. 单品价格做评断

价格策略是进货相当重要的一环，有折扣或促销的单品就会需要事前大量进货。不过在定价的时候也需要注意，譬如说进货价 300 元，市价 450 元，如果你的价格定在 350 元，当然是吸引客人的做法，但相对的会引起同业的不满。如果定在 450 元，跟别人一样，那顾客为什么要进来你的商店消费？刚开始创业，可借由开幕大甩卖等促销活动，把价格定在 375~400 元，也就是取中间值，既吸引顾客前来消费，又不完全打压同业。

（二）衡量销货

管理销货有两个注意要点："平均日来客数"和"平均日来客销量"。为什么要特别注意这两个要点？因为由"平均日来客数"可以知道平均每天有多少比例的"客人"进来消费，再将销货量除以"平均日来客数"，就可以得到平均一个顾客在自己店里的消费量。有了这两个数据，就可以推估出每天应有多少的进货量和销货量。

这两个数字的计算方式如下：

（1）平均日来客数=每日购买人数÷每日进店人数

（2）平均日来客销量=销货量÷平均日来客数

（三）管理存货

在存货方面，尽管零库存是许多人的梦想，但是零库存不见得百分之百都是好事，尤其有很多突发状况，譬如说客户临时下单，如果你手边没有货源，很可能因此丧失了一个做生意的机会。

存货特别要注意的是商品的保存期限和周转金的问题。如果是食品类，要注意保质期，存货的时间和数量都不能太长；如果是服饰类，就会有是否过季的问题；如果是古董或其他收藏品，要考虑到现金流动的问题，因为这些古董和收藏品往往单价比较高，如果你的存货太多，手上的现金流动量相对就较少。

进货、销货、存货三者可说是相互依存的关系，从每月的进货量、销货量，影响到存货量，继而影响下个月的进货量。通常来说，把握库存量 10%~15% 的原则，按出货比例，适时调整进货量。

就以一家女性服饰精品店为例，要确实掌握店内衣服进、销、存货的数据，应该怎么做？简单的估算方式如下：

$$日库存率=\frac{每日进货量（100件）-每日销货量（80件）}{每日进货量（100件）}\times100\%$$

以这家店每日进货100件衣服，销货80件，得出来的每日库存率是20%，每100件库存20件。

如果周末期间，可以把周一到周五的库存量消化，这个数字就还可以，否则，就要考虑把每日进货量降到90件，库存率就可以降到11%左右。

从进、销、存掌握收支状况：

一般的小额创业的创业家，除了要能确实掌握好每个月的进、销、存货，还需要注意收支是否平衡。以下特别设计了两个表格，只要把每天、每周或每月的数字填上，就可以了解整个月下来，你的财务状况是否良好。

进、销、存货使用方法：

（1）物品均价×每日进货量=每日的成本。

（2）物品售价×每日销贸量=每日的收入。

（3）存货率要控制在每天10%~15%。

（4）每日收入-每日成本=每日毛利。

收支平衡使用方法：

（1）毛利数额-经营成本总额=净利。

（2）净利>0，表示盈余。净利<0，表示亏损。

表7-7 收支平衡表

经营成本表			
店面成本	租赁共用	每月	元
	水、电、瓦斯	每月	元
	其他	每月	元
人事成本	雇员薪资	每月	元
	红利、劳保等福利支出	每月	元
	其他	每月	元
其他成本		每月	元
		每月	元
收支损益表			
经营成本总额（E）	毛利总额（F）：	净利（F-E）	
每月　元	每月　元	每月　元	

表7-8　进、销、存货表

	日期	进货品项	单价	进货数量(A)	进货总额(B)	售价	销售总数(C)	销售总额(D)	存货数量	存货率(%)	毛利(D-B)
						单日进货表					
1											
2											
3											
4											
5											
6											
7											
8											
9											
10											
11											
12											
13											
14											
15											
16											
17											
18											
19											
20											
21											
22											
23											
24											
25											
26											
27											
28											
29											
30											
31											
						周进货表					
1	第一周										
2	第二周										
3	第三周										

	日期	进货品项	单价	进货数量 (A)	进货总额 (B)	售价	销售总数 (C)	销售总额 (D)	存货数量	存货率 (%)	毛利 (D-B)
周进货表											
4	第四周										
5	第五周										
月进货表											
1											
2											
3											
4											
5											
6											
7											
8											
9											
10											
11											
12											

六、操练创建品牌

增加顾客辨识度的品牌建立法则：

对来势汹汹的竞争对手，建立品牌可以产生市场区隔的效果，增加顾客的信任度。就让我们从时间点、方法和资金方面，帮助创业者开始品牌创建之路。

建立品牌最大的两个困难，第一是需要投入更多的金钱、时间、创意和心思；第二是品牌建立后，要怎么让它受到欢迎。

短时间切入市场的品牌名称

通常，一般的创业者不可能有庞大资金，可以花一年、两年甚至更久时间来做准备。大部分的创业者可能希望在短时间内就能有切入市场的需求，品牌策略。以下介绍几种设计品牌名称的妙计。

1. 推广品牌的时间点

既然大家都知道建立品牌的重要性，那究竟是在创业之初就要推广品牌形象？还是应该等事业稳定后再确立品牌？小额创业家除了是自己创业外，也很可能是加盟业者。这两种类型的创业形态，对于品牌创建自然有不同的考虑点；自己创业的人，对于品牌的需求，绝对会大于加盟业者。不过如果客观条件不适合，例如资金不足，便应该先考虑推广品牌对自己的事业有没有立即的帮助，或者找到成本更低的品牌推广方法，不必急于一时。

表7-9　命名策略表

策略	方法	内容	适合的创业者
1	领导跟随法	找一家领导品牌当作模范，跟着他们的品牌策略走。举例来说，很多便利商店会模仿台湾知名连锁便利商店"福客多"取名为"来客多"。虽然有鱼目混珠之嫌，但可借着领导品牌的知名度，为自己的品牌先奠定一个基础	保守渐进者
2	口号连结法	在替品牌命名时，也同时间创造出一句顺口、简短、有力的口号文案。如台湾全家便利商店的"全家就是我家"。好记、有力、顺口是重点	先天创意者
3	自我凸显法	这个方法，简单来说就是做好市场区隔。尤其是餐饮业、行动咖啡馆等，一定要把自己先天的特色凸显出来，然后再加以发挥。举例来说，知名的"古典玫瑰园"卖的是茶，如果你开的是花店，不妨取名为"古典玫瑰花园"	先天创意者
4	颠覆传统法	顾名思义，就是把原本大家以为的样子改变过来，黑的改成白的，红的改成绿的，不完全按牌理出牌。这样做会有两极反应，不是大家搞不清楚你的品牌跟商品有什么关系，就是你的创意让更多人注意	胆大心细、积极进取者

表7-10　推广品牌的时间点与评估依据

类型	建立与否	时间点	评估依据
自行创业	Yes！推广品牌	3~6个月（创业之初）	1. 必须保有10%~20%资金做周转，广品牌的费用。 2. 未来有扩充经营的打算。 3. 该行业在附近是具潜力的产业
	No！不推广品牌	—	1. 没有多余的金钱供应推广品牌。 2. 成本小的产业，无须品牌当资产
加盟业者	Yes！推广品牌	6个月后（进入稳定期）	1. 必须保有10%资金作为推广品牌的费用。 2. 想在加盟品牌下，再建立自我品牌
	No！不推广品牌	—	1. 加盟品牌已经具有强大优势

2. 打响品牌知名度的方法

创建品牌最重要的是如何把这个品牌顺利地推广到目标消费者的心中。这里推荐四种开店促销或推广活动，让你借助一个个营销策略的进行，将你的品牌一步步推向成功。

必修招数 1：开幕折扣法

考虑点：附近有大商圈或百货正在进行大特卖。

运用时间：两个星期。

资金考虑：品牌推广资金最少，不足 10%。

开幕折扣法几乎是所有创业者都会进行的营销方式。不过如果只是跟大家一样，那就逊色不少。最好选附近商圈在大甩卖的时机再开幕特卖。这就有点像领导跟随法，当人潮被吸引过来时，也是你店面曝光率最高的时候。这时再进行开幕大特卖，一定可以吸引到许多上门的顾客。

必修招数 2：贪小便宜法

考虑点：附近的居民生活忙碌，或竞争较激烈，吸引民众进入。

运用时间：送小礼物——两个星期。

　　　　定价策略——四个星期。

资金考虑：送小礼物——资金在 10%~15%。

　　　　定价策略——资金不足 10%。

这是针对顾客贪小便宜的心理而进行的一项营销策略。方式很多，可以在定价策略上做调整，例如把价钱定在 99 元、199 元、299 元等，让顾客觉得买了值得。另外最常用的方法就是送小礼物。当顾客上门买东西，譬如每天前 10 名结账者有精美小礼物，或者是开业期间买东西就送折价券等，对于大部分人来说，就会激起他们贪小便宜的购买心理。

必修招数 3：顾客回流法

考虑点：希望取得和客户的互动，想长久经营主客关系。

运用时间：1 个月建立制度，更久的时间经营。

资金考虑：会员卡——资金不足 10%。

　　　　会员经营——资金在 10%~20%。

要让顾客回流，最快的方式就是建立一套会员制度。可以在开业后的一段时间内，只要消费就获得会员卡一张，享有会员专卖权利。这样就可以定期邮寄目录，或者通知特价的信息等等。稳定的会员数量将可以为经营带来稳定的收入。

必修招数 4：异业结合法

考虑点：邻近其他行业也想推出促销活动。

运用时间：两个星期。

资金考虑：资金在 10%~20%。

这个方法需要动用到的资源就太多了。在开业前，可以和附近商家商量，一起来举办联合折扣的活动，以吸引人潮。可以异业结合，譬如说如果你是开便利商店，在你的店内购物满 500 元，就可获得邻近新开幕 Pizza 店特价 50 元 Pizza 一个，以服务业和餐饮业两者异业的结合，让两者共同得利。

案例 7-2　创立代理国外品牌必须掌握自己的"know how"、除了拥有自行开发设计的技术外，还一定要努力走出去，才能分散风险

主要产品：自有品牌自行车零件外销出口、内销。

身为资深玩家的"Breakbrake17 Co."（布雷克）创办人林扬程，2006 年在美国纽约游学时即通过日本友人接触到 Fixed Gear。Fixed Gear 为简易的通勤工具，因失窃率低而广为美国邮差、快递使用，在日本加入流行服饰、音乐和设计等元素后，逐渐受到年轻人喜爱，因此当时在美国、日本已非常盛行。林扬程在美国买下人生第一辆 Fixed Gear，回到中国台湾地区后，林扬程发现鲜有人知道 Fixed Gear，玩家更是寥寥无几。经过 1 年的深思熟虑后，林扬程为了让玩家能方便取得零件和体验 Fixed Gear 的魅力，开始尝试从国外进口零件并在网络平台贩卖，"市场回响热烈，完全超乎我的预期。"林扬程说。经过半年的市场评估后，他决定创立代理国外品牌的实体店面——"布雷克商行"，开始了自己的创业路。

在代理国外品牌的过程中，林扬程了解不同品牌的产品皆有其独特的个性，但也发现许多需改进的空间，"受到地域和语言的限制，须通过贸易商向当地的厂商沟通，一来一往所耗费的时间和成本是当时最急迫的压力。"然而也因为深入了解产业生态，林扬程发现许多高端的单速车零组件皆是由中国台湾地区生产制造，于是他掌握了降低成本和提高效率的优势，加上本身的玩车经验，自行设计"前叉"零件直接向中国台湾地区的工厂接洽生产，除了价格亲民，规格和技术相较其他品牌也毫不逊色，迅速在国外打响口碑，让林扬程信心满满，开始朝车架及其他零件发展。直到 2012 年自有品牌外销的营业额提高至 50% 后，林扬程谨慎评估自有资金、代理商和经营品牌的优劣势后，决定积极拓展海外市场，全力将 Fixed Gear 品牌——"Breakbrake17 Co." 推向国际舞台。

林扬程在台北东区也曾经开设实体店面，最后也因为店租和市场环境的变化而黯然收场，改由寄卖和外销的方式来销售，寄卖点锁定在年轻人聚集的台北西门町——"SPUN STUDIO"；与国外的代理商则透过实际拜访、推荐等方式进行合作，如今 "Breakbrake17 Co." 已成为营销网络遍布美国、欧洲、日本等市场的国际品牌。

"品牌经营是创业至今面临最大的困难与挑战。" 林扬程说，由于极限运动盛行和次文化作祟，让 Fixed Gear 在欧、美、日等国家广为流行，却也因此形成其他地域品牌进入的屏障，让他在推广 "Breakbrake17 Co." 品牌初期，就与产地迷思正面冲撞，让宣传力无法有效扩散，加上资金有限，无法仿效其他国外品牌砸下大笔资金推广。于是林扬程向经济部中小企业处申请创业顾问辅导，并在顾问的建议下，重新思考事业的定位，将主力客群锁定于资深玩家，让讲究细节的玩家了解 "Breakbrake17 Co." 的设计与质量差异，并赞助国外专业竞赛，全力创造品牌口碑。

案例 7-3　没想到一时兴起的想法，却找到事业的另一个春天

主要产品：数百款各国正版桌游租售与游玩

原从事才艺教学的创办人胡志豪基于多年来对日本动漫的喜爱，加上期待能够让更多人充分享受桌游这种优质的休闲活动，因此他积极向日本桌游公司争取授权，终于在 2010 年的夏天，引进日本同人动漫桌上游戏，并在台大公馆商圈开设日式风格的店面，展示动漫桌游相关产品及张贴大型海报，提供桌上游戏现场贩卖及玩乐体验服务。

为了吸引顾客上门，胡志豪以 "女仆之心桌游吧" 为店名（2013 年更名为 "桌游领主"），并聘请在校生着装扮演 "女仆" 角色，提供创意贴心服务，搭配饮料茶点等餐食，陪伴客人赏玩桌上游戏，店内还提供初者学习，由 "女仆" 耐心指导从未玩过桌上游戏的顾客，除了带领新手入门外，也可以借此提升顾客的黏着度及回客率。经营半年后，胡志豪认为 "女仆服务" 已完成打响

知名度的阶段性任务，为了减轻经营负担，他忍痛取消这项新潮服务，改聘一般在校生，调降店面的基本消费，并提供不限时段无限畅玩的服务，也让事业逐渐从谷底翻升。

创业初期，同人桌游产品并非店面销售主力，但为了打造品牌基础，他特别在店内最明显的展示柜贩卖这类产品，结果出乎意料的好，在爱好者以口传耳、呼朋引伴下，吸引许多外县市的同好来店参观，名声远播，吸引许多粉丝慕名前来，成为店面招牌。

事业步上轨道后，胡志豪辞去才艺教职，专心投入桌游事业。因为兴趣及语言专长，并有感于引进中国台湾地区的同人桌上游戏过少，因此他开始翻译国外同人桌游，转投资成立"风信子桌游出版社"，专门从事国内外同人桌游产品出版。胡志豪笑说，"没想到一时兴起的发想，却找到事业的另一个春天。"由于印刷利润高，店内也已建立一批稳定的客群，再加上同人动漫产业的爱好者忠诚度极高，成为一个绝佳的销售管道。他也透露，现在盈余约有七成来自于出版社。

七、操练加盟调查

我们认为加盟体系也属于创业的一环，选择一个好的加盟体系作为开创事业的起点，庞大的后援组织和完整的物流体系，是加盟体系可以给创业者最大的帮助。

（一）中国台湾地区的加盟体系，由资金背景来看大致可以分为以下三种类型

（1）财团引进：大部分便利商店、快餐店属于由财团引进的外国品牌。因为是国外引进，所以在消费文化上需要有较长的时间来做适当的调整，这都需要具有庞大的金钱做后盾。

（2）中小企业引进：相较于财团，中小企业缺乏资金做长期投资，讲求的是快速获利，通常经过一段时间的亏损后就会放弃代理权。目前存活下来的不多，

以 KOHIKAN 咖啡、夏恩英语为代表。

(3) 本土自创品牌：这是中国台湾地区加盟体系里的大群，通常由名店、个人店或小公司所自创，所以资金方面更显不足。虽然为数最多，但能推广得不错的却不多，目前知名度高的皇冠租书城、休闲小站、贵族世家牛排馆、丹堤咖啡、网际先锋、巨星剪发皆属此类。不过，许多新起的本土自创品牌还不知道怎么把加盟体系提升到连锁体系，这是未来需要注意的地方。

(二) 在加盟经营上，加盟体系又分为直营授权和跨行延伸这两种形态

直营授权：近年来有许多如麦当劳、金石堂、新学友等知名直营连锁体系，因为在市场及资金的考虑下而开放加盟。这种加盟总部和加盟店之间，上对下的关系很清楚，通常会是一个口令一个动作。这种做法是否合乎中国台湾地区的企业环境是值得观察的重点。

跨行延伸：企业在多元化经营的前提下，会经常性地转投资，并做品牌延伸的动作，最著名的例子就是中环集团的亚艺影音。

表 7-11　三种常见加盟方式

委托加盟	1. 总部负责开办之前的装潢、设备的购置，加盟主则负担主要的人事费用及各项杂支。 2. 加盟店只能贩卖总部提供的商品。两者的关系像合伙人，加盟主支付加盟金、权利金及保证金，之后的每月盈余，总部和加盟主以 6∶4 分账
特许加盟	1. 相比较于委托加盟，特许加盟的加盟主需自付装潢费用，以及租押金，设备仍由总部提供 2. 两者的关系像投资者与被投资者，加盟主从每月营业额提出 3%~5% 回馈给总部
自愿加盟	1. 这种加盟关系是最为松散的模式，通常来说，加盟主缴交了加盟金和保证金后，总部将商标及经营权完全赋予加盟主，所有需要负担的费用都由加盟主自行负责，获利也由加盟主100%获得

(三) 加盟条件比一比

我们将目前中国台湾地区的加盟体系，按照产品与服务重方向，分为零售服务类、餐饮服务类、文教服务类、娱乐服务类、技术服务类，分别列出创业的开办费和加盟方式。但是，到底怎么选最适合你的行业呢？

1. 评估创业准备金

先看加盟体系要求的创业准备金，评估自己的创业预算，再估量一下自己可以准备多少现金，挑出力所能及的加盟体系。

2. 注意总家数

注意看看表中所列加盟体系的总家数（是包括直营和其他加盟方式）。这也是考虑的重点，如果家数太多，市场可能已经饱和，如果家数太少，可能知名度还不够。所以，家数太多或太少，相对的风险都会提高，不过，要依照开业环境、地点和产业类别来综合评估。

3. 选择加盟方式

最后来者加盟方式，这影响到初期加盟体系对你的支持度、决策的自由度，以及所得利润的比例（加盟细节请联系各加盟体系）。一般来说，创业资金较少的，可以选择支持强大的加盟体系，较容易生存下来，但相对初期的利润有大部分需要回馈给加盟体系。如果经验老到，而且资金也足够，可以选择自主性较高的类别，获取的利润较高，但需要考虑的是获得的支持少。

八、操练管理流程、产能、质量与供应链

商品与服务在供应链中流动会增加价值，因此供应链有时称为价值链（Value Chain），供给是开始于供应链的开端，并结束于组织的内部运作而需求是将产出运送第一阶层顾客，并结束于送交此链的最终顾客。

（一）商业模式与生产规划

商业模式就是设计一套能够有效获利的企业运作方式，能将投入转化为产出，并在计划时间内实现利润目标与企业愿景。投入端可以借助市场机会发掘并做可行性分析与模拟创新及创意成果并加强团队与资源整合形成事业愿景。输出端可以创造顾客价值与实现利润目标并建立事业价值与创造股东利益。我们认为如果创造市场与顾客价值，且区隔市场与掌握顾客需求并建构价值链与掌握核心能力，由此实现利润目标的成本与收入结构，建构价值网络的竞合关系形成与维持竞争优势。

生产规划与经营能力是息息相关的产品服务，而在生产与作业管理系统上第一步得先通过产能规划，产品与服务设计预测。第二步是质量管理、工作流程设

计、制造程序的选择。然后才是供应链管理。

（二）产能决策与外包评估

需要何种产能？（产品与服务）需要多少才能符合需求？（预测）何时需要？（供应链管理），产能决策的重要性：

（1）产能决策会影响作业成本。

（2）产能通常能决定初始成本。

（3）产能决策会影响竞争力。

（4）产能会影响管理的难易。

（5）产能决策涉及财务与其他资源。

建议产能规划的步骤：按需求推估确认现有产能与设备缺口。确认方案符合需求，根据财务分析评估选择最佳考核方案与追踪方案。

产能的类型：

（1）设计产能（Design Capacity）：理想状态下，生产设备所能达到的极限产出率。

（2）有效产能（Effective Capacity）：考虑生产设备、产品组合、个人与质量因素等条件，生产设备所能达到的产出率。

产能的衡量系统：

● 效率：实际产出与有效产能的比率

$$效率 = \frac{实际产出}{有效效能} \times 100\%$$

● 产能利用率：实际产出与设计产能的比率

$$产能利用率 = \frac{实际产出}{设计产能} \times 100\%$$

● 产能衡量范例

根据下列信息，计算凤梨酥生产部门的效率与产能利用率：

设计产能 = 每天 480 箱

有效产能 = 每天 400 箱

实际产出 = 每天 360 箱

解答

效率＝实际产出/有效产能×100%＝每天 360 箱/每天 400 箱×100%＝90%

产能利用率＝实际产出/设计产能×100%＝每天 360 箱/每天 480 箱×100%＝75%

而通常误判产能需求的原因是过于乐观估计需求成长或过于专注表面销售与报酬，而忽略产品组合应增加利润。所以决定最佳产品组合，推导出成本与利润。先取得未来需求的预测值，将需求转换为产能需求的数量与时间，再决定是否需要改变。

而有效产能的决定性因素不外乎在——设备因素，作业面——产品与服务因素，供应面——制程因素，外部面——人为因素。

而我们认为最影响服务产能的因素是服务必须靠近顾客且服务是无法储存的，更重要的服务需求也是反复无常的。

也有人会问产能自制或外包哪个好？如何辨别呢？外包的主因不外乎在机器使用不足、外在风险、成本、需求特性（例如：季节需求、临时性少量订单）、质量考虑、专门特殊技术。

常见用以评估产能方案的技术就经济观点考虑上，依成本，如：数量分析（着重成本、收益与产量）；依财务分析（考虑货币的时间价值以判别投资方案的优劣）；依决策理论（在具风险性与不确定性情境下进行方案的财务比较）；依等候线理论（经常应用在服务系统）。

（三）掌握生产成本与结构

物料列表（Bill of Materials，BOM）或称产品结构表：用于制造最终产品使用文件内容，记载原物料列表、加工流程、各部位明细、半成品与成品数量等信息。

● 物料清单的功能：

工程人员：装配成品所需零件

成本会计人员：计算成品所需的物料成本

生产单位：生产成品所需零件总类、数量与装配顺序

生产与存货管制人员：用物料清单与主生产排程规划物料需求

服务与管理部门：预先采购物料入库备料

物料清单。

表 7-12 客户订单

客户名称	成品编号	成品名称	订货数量	预计到货日
钧智科技	CCT001G	记忆卡	1800PCS	2013.03.18
堤咏科技	CTY001G	鼠标	2200PCS	2013.03.20

表 7-13 原料需求明细表

来源	原料编号	原料名称	用量（%）	需求量 n*3200/100
国产	HB100.29	Compact Flash	60.00	236.000
进口	FN100.24	BIZ Flash	38.00	168100
国产	CQ001	Compact Flash	1.00	3,200
国产	G101	Compact Flash	1.00	1600
进口	FN100.31	BIZ Mouse Cover	0.70	2240
合计			100.00	175376

● **产品结构树**

建议以产品结构树（Product Structure Tree）显示为完成下一阶层装配单位所需每个项目数量。

对大多数的制造业而言，成品往往是由多种的料件所组成的，其结构就像树形图一样为多阶层方式。

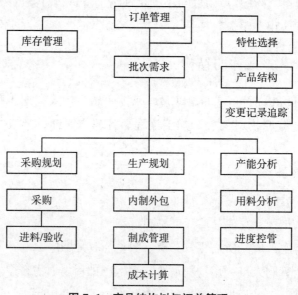

图 7-1 产品结构树与订单管理

物料清单可以预先储存成品的组成方式、对材料的使用量，以及各项成本数据，方便日后计算成本与原物料的需求。

（四）掌握法律与道德规范

产品责任（Product Liability）：是指制造商必须对产品制造或设计不良所导致的伤害或损失负责。整体而论，组织必须要求设计者遵从下列规范进行产品设计：

（1）依组织目标。

（2）依顾客期望价值。

（3）以健康与安全为主要考虑。

专利：

①专利——是针对发明、实用新型及新式样三种作为经申请并通过审查后所授予的权利。

②发明——提供新的做事方式或对某一问题提出新的技术解决方案的产品或方法（20年）。

③实用——是指对旧事物的形状、构造或装置提出新的技术性创作（10年）。

④新式样——指在事物的外观上追求美感的新创作（12年）。

（五）掌握质量管理与规范

品质：指某种产品或服务符合顾客需求或超越顾客期望的能力。不同的顾客会有不同的需求，所以质量的定义是取决于顾客。

成功质量管理的内涵：定义质量最为重要的除了了解质量的成本与质量的利益外，还得确认不良质量的后果再认识所需的质量道德行为。

表 7-14　产品质量的构成

绩效	产品或服务的特征
美学	外观感觉
特征	额外的特征
一致性	产品或服务与设计规格符合程度
可靠度	成果一致性与正确性
耐用性	产品或服务的使用寿命
感受品质	质量的间接感受
服务能力	抱怨或修缮处理

表 7-15　某品牌手机的质量构成范例

效果	拨打正常、各项辅助功能齐全
美学	造型靓丽
特征	方便携带、行动上网、高画质照相功能
一致性	符合国际标准
可靠度	
耐用性	
感受品质	
服务能力	

表 7-16　服务质量构成

便利性	服务的可获得性与可接近性
可靠度	执行服务的可信任性、一致性与正确性
回应程度	顾客处理问题的意愿
时间	传送服务的速度
服务保证	员工展现其得到的认知，以获得顾客的信赖
礼貌	员工对待顾客的方式
有形性	设施、设备、员工与沟通工具的实体外观
一致性	每次都能提供相同质量的服务或商品

表 7-17　A 餐厅服务质量构成示例

便利性	餐厅位置位于主要交通路线
可靠度	对于客人提出的问题都能有效解决
回应程度	服务人员乐于回答顾客的问题
时间	顾客等候时间
服务保证	服务人员是否确实了解顾客的问题
礼貌	服务人员的态度是否有礼貌
有形性	员工制服与设备清洁
一致性	每次都能提供相同的餐饮质量

质量的决定因素：

我们认为主要是设计质量（设计者愿意在产品或服务中充分考虑顾客的需求），而产品或服务与设计的一致性程度也占其中重要成分，当然售后服务也是非常重要的。

质量的利益基本上涵盖提升商誉、提升售价、提升市场占有率、提升顾客忠诚度、提升利润，并且减少顾客抱怨、减少生产与服务不良问题。

解决组织问题和改善制程的工具：

● 流程图

● 检核表

● 直方图

● 要因图

● 管制图

● 趋势图

● 甘特图

改善质量的方法如图 7-2 所示：

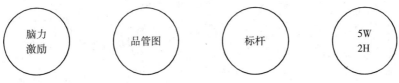

图 7-2　改善质量的方法

改善质量的内容如表 7-18 所示。

表 7-18　改善质量的内容

主题	什么（what）
目的	原因（why）
地点	何地（where）
顺序	时间（when）
人物	何人（who）
方法	如何（how）
成本	多少（how much）

（六）建立有效供应链管理

供应链：生产与运送产品或服务有关的设施、功能，以及活动。

供应链管理：为达整合供给与需求管理的目标，并扩展至整个供应链的管理作为。

物流：是供应链的一部分，包括商品、服务、财货与信息的前后流向。

（七）建议与范例工具

制造供应链

图 7-3　饮料制造供应链示例

图 7-4　餐厅供应链示例

所以我们认为供应链管理的关键环节如下：

● 决定外包水平；

● 采购管理；

● 供货商管理；

● 顾客关系管理；

● 快速问题解决；

● 风险管理。

而三种常见于供应链中的流动管理建议为：

● 产品与服务流：供货商到顾客的商品或服务的移动，以及处理产品退回；

● 信息流：分享预测及销售数据、订单传送、运送追踪与更新等；

● 资金流：信用条款、付款。

采购形态建议为两种套用工具：

● 集中采购：数量折扣、专人负责；

● 分散采购：快速反应、节省运送成本。

再整合由网络买卖、电子邮件、订单及运送追踪，以及电子数据交换。

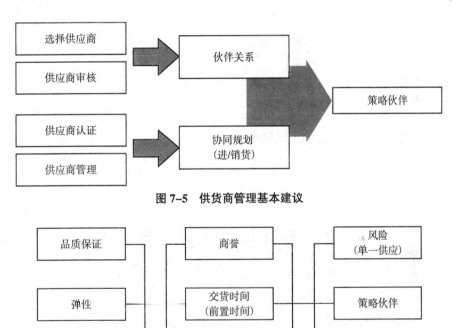

图 7-5　供货商管理基本建议

图 7-6　供货商选择

存货在供应链中移动速度，速度越快，持有成本越低，订单履行速度越快，兑现越快，组织策略与运送方案，使用低成本策略的组织，通常会选择运送速度较慢、成本较低的运送方式（例如大宗物资），使用响应策略的组织，则通常会选择运送速度较快、成本较高的运送方式（例如新鲜的高级鱼货）。

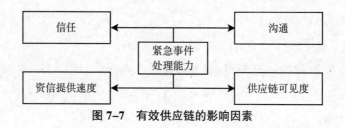

图 7-7　有效供应链的影响因素

表 7-19　供应链绩效衡量指标

财务	作业	履约能力
● 投资报酬率 ● 利润 ● 现金流量	● 生产力 ● 品质	● 订单准确性 ● 履约时间
供应商	存货	顾客
● 品质 ● 弹性 ● 时间	● 周转率 ● 供应周数	● 顾客满意度 ● 客诉率

　　我们仍认为产能、质量与供应链管理的重点仍在善用数字与图表清楚传递与作业有关概念，审慎规划产品与服务产能，重视产品与服务质量，创造具有价值的供应链。

九、操练吸引并留住员工

（一）金钱和动机

　　虽然利用奖励措施来激励员工不是什么新鲜事，但是老板的不信任和经济动荡已经使得诱导性的领导方式转变为各种激励或依员工表现给予报酬的方式。在这个极端的情况中，每个员工的报酬成了一项变量，视员工的生产力和公司成功的表现而定。这种薪资报酬系统倾向于维持低水平的固定成本，并鼓励员工达到更高的生产力。

（二）奖励办法种类

奖励办法有许多种类，可以分成若干类型。它们可以依层次来区分，当特定的个人工作表现目标达成，个人薪资报酬办法（Individual Compensation Plans）提供个别员工高于他们基本薪资的收入；如果奖励的层次不是个人，那么还有团体奖励办法（Group Incentive Plans），当一个团体达成先前设定的目标时，所有成员一律得到奖赏。利润共享办法（Profit-Sharing Plans）是公司把一段特定时间的盈利拿出一部分，分给公司的所有员工。此外，也有针对一群特定员工的奖励办法（Employee Group Plans），如：销售人员、营运人员或配售人员等。

（三）非经理阶层员工的奖励措施

几乎所有创业家都会雇用一些非经理阶层的员工，去实际执行公司的营运作业。这些人可能包括清理办公室的工友、制造产品的生产线工人、处理公司各种业务的接待人员，或是处理订单输入数据的职员。有许多种类的薪资办法可以被运用在这类员工上。

1. 薪时计酬办法

薪时计酬办法（Salaried Hour Plan）是最常见的非管理阶层员工的奖励办法，在这个薪资结构下，员工根据基本时薪和超过标准的产出比重来计算所得。既然数量是提高薪水的原因，经理人必须小心利用这个办法，以防质量不会被数量所牺牲。

2. 按件计酬办法

在这个常见的薪资报酬办法中，员工以所生产的每单位量按件计酬（Piece Work Plan），按件计酬可依照创业家所希望的分为直接或按比例计算。上面提出的例子是直接式的按件计酬，因业绩和报酬之间有绝对的关系。按件计酬办法是非常清楚且公平的，它提供员工良好的奖励措施，因员工所得与工作表现相称，不过这个薪资办法也可能造成一些员工的僵化行为，员工可能拒绝进步甚至不愿达到质量标准的要求，以及因为可能影响产出而不愿意转换跑道，另外这个办法也让采用新的技术等工作环境改变的阻力升高。

（四）销售人员的奖励办法

日常销售人员是公司营收的动力，诚如古谚所言："没卖出以前什么都不算（Nothing happens until a sale is made）。"销售奖励办法有三种类型：直接佣金（Straight Commission）、直接薪资（Straight Salary），或薪资和佣金混合（A Combination of Salary and Commission）制度。

1. 直接佣金制度

直接佣金办法所给予的奖励最大但工作安全保障却最少，销售人员经常会因此产生非常高的生产力及收入水平。公司要建立直接佣金制度，第一，必须建立基准或单位。这些支付佣金的基础通常是销售单位。第二，公司必须决定每单位佣金费用，通常是毛利或销售额的特定比例。第三，公司必须设定佣金起算的标准，这个起算点可以是第一个售出单位，或达到特定销售水平后的第一个单位，抑或是达成一定额度之后起算。第四，公司必须决定支付佣金的时间，以及处理退货、取消订单和收不到账款的方法。

2. 直接薪资制度

即使销售能力良好的个人，在直接佣金制度下可以得到比较好的报酬，许多人仍然不喜欢在不确定和收入高度不稳定的情况下工作，这些比较在乎安定的销售人员比较喜欢可靠而固定的收入，而不是在不确定的直接佣金制度下赚取更多的钱。在公司和市场高度波动的情况下，以及公司销售是周期性的或季节性时，直接薪资制度的安全感特别重要。因为在直接薪资制度中，销售人员的报酬不是基于由营收和获利来衡量的生产力，所以直接薪资制度提供销售人员安全感，并允许公司指导所有的销售活动，这有助于确保公司达成所设的目标。直接薪资制度普遍运用在重机械、航天、化学、石油和非耐久财等工业中。有时候销售人员甚至被称为顾问或工程师，头衔上甚至连销售两个字都没有。

3. 组合式的报酬制度

组合式的报酬制度综合了直接薪资和直接佣金制度的特质，这项报酬制度的薪资部分提供安全感和最低销售业绩水平的基本报酬，而佣金或红利部分是用来作为达成或超过销售量和获利目标的奖赏。要发展一个有效的组合报酬制度，关键因素在于薪水和佣金的比例。理想的组合是薪资多得足以吸引销售人才，加上奖励措施也多得足以给他们带来强大的刺激。虽然薪水和奖励措施的组合依据产业、竞争和销售任务的特质而定，不过薪水占 70%~80% 的比重，奖金占 20%~30% 的比重通常被认为是平衡且具吸引力的组合。

（五）经理人和主管的奖励制度

对于创业家和公司的成功性而言，可能没有其他的领域比吸引和留住重要的经理人和主管更为重要。既然这些个人直接影响公司的营收和获利的整体表现，创业家必须花相当的心思考虑如何奖励他们，多数经理人除了薪水以外，还享有短期红利和长期奖励措施。

（六）短期奖励措施

多数公司有年度分红计划用来奖励经理人和主管的短期表现，红利多寡全系于公司的获利能力。短期红利可能大幅提高所得，有时候高达所得总额的 30% 以上。建立年度分红或任何其他短期奖励措施制度时，创业家必须记住三件事：身份的适当性、整体奖金的规模和个人的奖赏。

（七）长期奖励措施

长期奖励措施被用来确保会影响公司长期业绩（非只是短期业绩）的决策，并鼓励经理人和主管留在公司，采用的方法是授予这些人期权累积资金，但只能在任职若干年后授权期结束后才能将其转换为现金。

另外人力的培训及教育也是很重要的因为企业普遍忽视这一问题。尤其是中小微企业，总是认为如果每个经营者都能像中小企业经营者那样工作就没有不成功的道理，只要有人能够发挥公司的机能，那么经营就可以顺利营运下去。如今仍持这种想法的经营者不在少数。因为这一根本性的错误想法，才使得人才外流严重，就更谈不上网罗人才或招贤纳士的战略和方针了。

经由找到好的员工，让工作有趣、提供并落实明确的工作表现标准、及时响应，并以最好的方式奖励员工的表现等，创业家可以吸引并留住重要的员工。

事实上，真正能够重视员工能力及开发，提高新进员工素质的企业并不多。因此，公司的经营企划者更应负起做好员工之教育通盘规划与运作。我们必须知道，人绝不是仅仅为了生存而工作，人工作也为了通过自己在一个社会和组织中的作用和贡献，来获取别人对自己客观的肯定，并通过这种评价来认识生存的意义。在企业内培养人才的工作也要站在此一立场上。经营者要满怀诚意与热情朝着这个方向努力去实践、设法提高员工的工作热忱，从而增进企业的繁荣与个人的福祉。

第八章 整合力 突破界限 让世界看见你的软实力

一、中国台湾地区从 OTOP 计划、家有产业到文创产业的蜕变

1989 年，中国台湾地区"经济部门中小企业处"推动 OTOP（一乡镇一特产）计划，透过辅导地方特色产业，遴选具国际市场发展潜力产品与厂商，以中国台湾地区 OTOP 共同标示形象，让优良地方特色产品能真正发展国际市场。再结合 OTOP 计划"一乡一特色"、"区域特色营造"、"农村再生"等政策，加上网络营销与文化创意，用以带动地方的"家有产业"，让全中国台湾地区各地每个产业都有主打的产业，增加当地就业机会，促进国际投资，提升民众所得，并达到活跃地方经济的目的。

文化创意产业源自创意或文化积累，透过智慧财产的形成与运用，开发创造财富与就业机会潜力，并促进整体生活环境提升。其选择方式包括多数、关联效益，以及附加价值原则，并由"文建"、"新闻"、"经济"等相关部门负责文创业的推广与执行，但要达成家有产业的文创增值，必须扩大产值量能，更要具有整合营销的观念与做法，并要订出执行目标；另外，文创产业的问题亦须加以解决，包括须以美学奠定文创基础，以基础教育发扬文创产业，有法令支持文创产业发展，以及提供良好的文创环境等。

2012 年 10 月，中国台湾地区国际文化创意产业博览会在台北南港展览馆举

行，吸引了许多重要买家，其中，祖国大陆通路专业者对中国台湾地区文创产业更为赞赏，而让一连串推动的创意产业，从 OTOP 计划、家有产业，到文化创意产业等，获得良好的成果，对中国台湾地区地方建设与经济发展注入了新的活力。

在自由经济体系中，开放的社会才有奔放的思维，自由的环境才有自由而宽广的创意，中国台湾地区文创界不只有法蓝瓷、琉璃工房等国际品牌，各地方也有文创小铺，吸引国际投资客慕名寻访。以阿原工作室为例，创业初期只有几百万元的销售量，经过"文创增值"以后，产品质量及生产规模逐渐扩大。2005年，由阿原肥皂改为阿原工作室，2008年，成立阿原国际药草研究发展中心，最后再成为公司，员工百余人，年度业绩达亿元以上；而传统的布袋戏结合现代影音科技，创造出营销国际市场的庞大产业，让许多人为之赞赏，并创造了难以数计的文化与经济效益，如叙旧布袋戏园结合布袋戏与中国台湾地区小吃，这些都是中国台湾地区产业转型的成功典范。因此，若能善用国人奔放创意，开创"文化兴国"的新局面应是指日可待。

背景资料：

阿原工作室位于新北市的淡水，创于 2005 年，以中国台湾地区青草药手工肥皂为起点，选用中国台湾地区青草药为主题，融合东方养生思维与善待环境的理念，将有温度的工艺感动延续。2008 年成立阿原国际药草研究发展中心，以"诚实、良心、当地"的理念，让产品达到真正纯粹天然。除中国台湾地区有经营场所，市场扩及祖国大陆、中国香港地区、新加坡、马来西亚、日本等亚洲国家和地区，主要的产品计有手工肥皂、液态皂、精油、口腔、食用油、茶道理，以及植萃保养品系列商品等七大类，规模则由工作室转为研发中心，再扩大为公司规模，是结合地方特色而成功的家有文创产业。

背景资料：

叙旧布袋戏园位于台北市南京东路，是一家结合金光布袋戏与中国台湾地区小吃的餐厅，客人除有茶酒可供叙旧外，老板兼具园主的布袋戏迷并即席以交互式教学方式，为来客表演布袋戏的操作戏法，采用团进团出的方式，其中，又以祖国大陆的客人为最多，亦可视为文创加值型产业的成功案例。

　　2012 年，"文博会"的主管中国台湾地区文化部门规划"国际及两岸文创产业组织搭桥计划"，邀请 60 个国际策展人与通路买家来台，为中国台湾地区文创业者寻求媒合商机。其中，又以祖国大陆买家对于中国台湾地区文创质量给予高度肯定，认为不但具有创意，而且深具人文内涵，充分发挥中国台湾地区在文化传承、创意的深入和融入生活等方面的内涵。此外，年度的主题馆由中国台湾地区创意设计中心跨域结合音乐、动画、设计、科技等不同技能而成，铺陈文化创意融合于农业、制造业、服务业、内容产业等增值新气象，引导相关产业跨域合作发展。

　　文创展示处理方式是先由深度旅游点出模仿旅游叙事法，有文化体验、伴手礼选购、下榻民宿，及好旅程会获得的心灵盛宴，选择当地特色食材，循百年老店时光轨迹，进入独特荫油文化，歇脚在呈现多元移民与原生历史的民宿，最后布农八部合音结合小女孩那奇幻旅程动画，一同呼唤大地苏醒，传递传统文化与崭新创意共谱的感动，充分发挥 OTOP 计划到家有产业的地方产业精髓，更为中国台湾地区的文创产业开拓无限生机。

二、OTOP 计划概述

　　OTOP（One Town One Product）计划是指"一乡镇一特产"的计划。

　　1989 年，中国台湾地区经济主管部门中小企业处首次推动 OTOP 计划，通过全中国台湾地区地方特色产业盘点作业与分析，结合地方主管部门拟定的政策纲领，以及各县市地方主管部门与专家学者，及民间相关辅导团队等组织的具体发展构想，以开发具发展潜力的地方产业与区域特色提供必要基础辅导，并进一步针对具有深度发展能量及偏远地区的地方产业与区域特色，提供深度与强化重点辅导，以朝向"一乡一特色、全中国台湾地区全产业"的整体愿景为主要目标。

　　中国台湾地区"经济主管部门""2015 年经济发展愿景"，其第一阶段的三年冲刺计划"产业发展套案"中之旗舰计划——"开创产业发展新局"是项目下的子计划，自 1989 年推动 OTOP（One Town One Product）"一乡镇一特产"之计划，通过辅导地方特色产业，将各地方特色绽放国际。透过甄选活动，遴选具国际市场发展潜力的产品与厂商，以中国台湾地区 OTOP 共同标示形象，促进地方特色产业走向国际化，持续累积国际化推动能量及结合国际通路合作，以国际视野与刺激产业特色创新，再结合 OTOP 产业联盟组织，让中国台湾地区的优良地方特色产品，能真正发扬光大，并达到活跃地方经济的目的。

以"地方产业"为基础，为达成活跃地方经济，以及促进地方就业的政策目的，并以落实创新经济、促进消费、乐活中国台湾地区等目标，因而推动 OTOP 计划。又因中国台湾地区糕饼与竹工艺产业的文化独特性，具有在国际市场发展潜力，故先以该产业为主要辅导产业，再继续推扩其他具有地方特色的产业，因此，地方政府推动 OTOP 计划的主要内容如下述，即：

（1）推动一乡镇一特色，以中国台湾地区 OTOP 共同标示形象带动地方特色产品与游程消费市场。

地方特色产业中，"地方"的范畴是以乡、镇、市为主；而特色产业是指具有历史性、文化性与独特性等特质之一的地方产业。

（2）地方特色产业归纳。地方特色产业系指在某一地区内，由于具备生产优势，或因历史文化环境因素而具有独特性，或因相关产业群聚而形成具有唯一性或消费口碑的产业。

三、地方特色产业的变化

根据地方特色产业调查结果，可依其产品特色的质量、成熟度等加以分级，进行不同阶段的辅导规划，促使各地方特色产业在既有基础上，发展其应有的特色与竞争力，并寻找市场的定位。经过辅导之后，持续追踪，并评估是否应予再进行深化辅导，以建立标杆型或旗舰型地方特色产业，作为地方特色产业的学习典范。此外，国际交流活动的举办或参与，以拓展国际知名度，吸引国外消费者注意，这些都是扩大地方特色产业形象与商机的重要策略。

在地方特色产业的发展过程中，无论在法规面、执行面、政策面、产业面与相关部门皆有关联，且因人因地因事而变，故须整合发展。因此，当地方特色产业的辅导工作之外，更应从宏观面整体解决地方特色产业所面临的问题。整体而言，地方特色产业的环境变化大致可分为七项：

（一）全球化与地方化的趋势

全球化已是不可规避的方向，中国台湾地区的企业在全球地域间寻求廉价的劳动力，成为游牧式经营，或在岛内进行事业经营的升级转型，但中国台湾地区原本所具有的竞争力几乎不复存在。对应于全球化，地方化是以地方的文化资源或特色作为核心，建构地方产业发展策略；在全球化冲击下，地方产业若能于地方资源的环境中加以对应调整，将更有助于地方特色发展的主体性，重新寻找地方特色产业发展的机会条件。

（二）休闲的需求

在民众经济收入提高，以及双休日制度下，中国台湾地区已逐渐进入高收入的发达地区，民众开始重休闲生活；而依一般人的消费倾向，收入提高之后，对于艺术、文化、游乐、赏玩之类的物品与活动，其需求会呈现较大幅度的增加。

（三）生活环境质量的需求

中国台湾地区早期重经济而疏于环境保护，为弥补近年来专注于经济发展所造成的环境失衡，必须调整经济高度发展模式，而要关注生态保护、生活环境质量维护，以及人文艺术的发展，重视有关生活质量与环境建设。公共部门积极发展乡镇特色，整合各地资源，加强具特色的地方产业实力，而这也是 OTOP 计划的主要目标。

（四）体验经济与主题特色性消费

当民众所得提高以后，物质享受逐渐无法满足消费者的需求，个别企业或地方产业若要进一步发展，唯有确立自我定位，强化自身特色，区隔竞争对手，方能于竞争激烈的市场中占有一席之地。而创造令人感动的体验过程，以及营造特色主题的商品或服务，正是吸引人们消费的关键，也是企业与地方产业在竞争中能脱颖而出的较佳手法。因此，地方产业所提供的商品或服务需具备独特性与故事性，前者需基于本身企业或地方的优势特色；后者则需依赖优良传统、历史文化所孕育的产业内涵，并从中找出有趣的题材，让家有产业的主题商品更具消费特色。

（五）高龄化社会的转变与因应

高龄化与少子化是中国台湾地区人口结构的特色，而全球老龄化的情况越来越明显，21世纪将是高龄化世纪，如何构建一个适高龄层安适生存的环境，将是全球共同的课题，而家有产业也需配合高龄化社会的改变，推出适合高龄化社会的商品。

（六）科技带动创新与营运发展

随着科技的进步与新产品的出现，家有产业的创新势在必行，因此，如何因应科技快速的发展，加以导入并运用，同时兼顾地方特色发展与深化，尽量降低科技运用所衍生的负面影响，亦成为地方产业发展的重要课题。

（七）创意比创新更重要

根据家业文创加值计划的认定，创意比创新更为重要，因此，家有产业地方特色文创加值辅导就是鼓励民众就地方产业特色，在既有特产或文化上加上新意，发挥创意营销，进而寻获新的发展途径，除增加收益，也可能增进地方发展与就业机会。因此，家有产业可以利用地方文化的特色，将地方的历史、地理、风土人情、传统习俗、生活方式、文学艺术等观念与产品相结合，创造地方特色的文创加值，进而活跃地方的经济。

整体而言，地方特色暨区域产业的发展政策，必须具有前瞻性的观点以及系统化的做法，并要有整合性的规划与推动，以建构属于中国台湾地区本身地方特色产业的发展方向，以发展出自然、文化、生活及产业的经济发展。

四、家有产业的规划与运作

2011年，中国台湾地区"经建会"提出"家有产业"的构想，并与产业有家的观念相结合，而有关"产业有家，家有产业"的内容，可分为缘起、计划构想、推动策略，以及各县市地方主管部门所拟发展之产业等几个部分来加以说明。

（一）缘起

2011 年，地方主管部门为规划未来 10 年产业发展空间分布蓝图，提升中国台湾地区总体竞争力，中国台湾地区"经建会"开启"产业有家，家有产业"全台推展活动。借助座谈会意见交流，订出中国台湾地区未来产业区块版图，让每种产业至少有 3 个可落脚地点，每地点至少发展 3 种主打产业，以达成"产业有家，家有产业"的目标。

依"产业有家，家有产业"规划，可分为两个阶段办理。第一阶段为产业寻找适当的发展地点为推动重点，由中国台湾地区"经建会"召开十场座谈会，邀请主管部门与地方地方政府参与，交换意见并促进对此政策的了解，以作为规划产业区域定位的参考。第二阶段是配合区域发展优势，找出各区域适合发展的产业类型，促使地方政府投入经费提升相关基础建设，并配合全球招商，引介国际投资人到适当地区投资各种不同产业。

另外，为了因地制宜，可以考虑由台湾当局和地方共同决定产业类型及发展区域，因为地方熟悉本身产业发展的当地优势，台湾当局了解在世界潮流下产业发展应具备的条件，通过与地方共同合作，可以创造具有国际竞争力的区域产业。因此，发展区域产业包括核心都市、区域内外的通路、品牌的创建与营销、生产规模、市场及腹地五大条件；且未来中国台湾地区至少会有北、中、南、东部，以及离岛五个产业区块，产业区块挑选的重点有二：一是以具规模、知名度，也较具国际竞争力的大都会区域为空间单元；二是大都会区域的核心都市，应具备国际化的基础建设和条件，包括机场或港口、学术区域、工商业腹地、便捷的交通网络，以及产业规模等。

（二）计划构想

地方主管部门为规划中国台湾地区未来 10 年产业发展空间，让每个产业都有落脚处，每个区域有主打的产业，增加当地就业机会，促进国际投资，提升民众所得，因此主要计划构想如下：

（1）适地适性，让产业有家，落地生根在适宜的地区，提升产业的竞争力。

（2）让家有产业，每个地区都有主打产业，所有的软、硬件建设都能同步搭配投资，吸引产业生根。

（3）每个地区增加就业机会、提升所得，享受产业发展效益。

（三）推动策略

家有产业的推动策略方式如下：

（1）划出中国台湾地区未来 10 年产业发展空间分布图，每个产业有落脚的地区；每个区域有主打的产业，形成区域品牌。

（2）与国际招商计划搭配，将国际资金直接引到地方投资。

（3）搭配产业发展分布、民间投资与招商计划，调整地方主管部门的软硬件投资。

（四）各县市所拟发展产业

在中国台湾地区"经建会"的规划与积极推动下，经过各部会、地方主管部门及专家学者初步意见交流，大家对主管部门推动主轴产业的构想，以及产业发展与区位配对的内容，各县市主管部门以发展的产业或建议都提出了具体规划与说明，如基隆市提出观光旅游、智慧电动车、都市更新、文化创意、国际美食 5 项拟发展产业，并提出观光工厂相关补助建议。

五、文化产业

有关文化产业的内容，可分为下列几个部分来说明：

（一）定义

根据联合国教科文组织的定义，文化产业指按照工业标准生产、再生产、储存以及分配文化产品与文化服务的一系列活动。另外，广泛的文化意指为提升人类生活，尤其是精神生活质量而提供的一切可以进行商品交易的生产与服务。

文化产业的概念一直在不断被修改，形成了"学院派"和"应用派"。前者是从"'理论—意识'形态"的角度来界定文化产业；后者则是从社会经济实践中关注文化产业的市场性。由于文化产业在各国呈现的地域差异，其所涵盖的范围也随着产业本身的发展越来越宽泛，有的将文化产业称为"创意产业"、"内容产业"或"核心版权产业"。

（二）特征

大体而言，文化产业概念通常包括"大众文化"或"流行艺术"，如，流行音乐、商业设计、电视剧等，其主要特征如下所述。

1. 产业文化行为

文化产业必须进行大规模的商业运作，通过有效的市场化和产业化组织形态对可经营性文化资源进行持续的再生产和扩大再生产。

2. 企业经营方式

文化产业追求利润最大化，以文化企业（公司）形态经营，自负盈亏，在提升企业竞争力的过程中，不断提高文化生产和经营的效益。

3. 文化价值的市场转换性

文化产业通过市场使文化价值转为商业价值，又通过产品、服务的市场消费来实现文化价值的社会传播。

4. 文化与经济双重功能

既要体现文化的经济属性，实现文化的经济价值，又要重视文化的精神价值，发挥文化的意识形态功能。

5. 高技术高智慧的知识经济

一般而言，通过多种技术运用，使文化艺术品可以大量生产，因此，文化产业是知识经济的典型形态。

（三）分类

一般而言，文化可分为物质文化、制度文化以及精神文化三个层次，其中，物质文化包括一切人类所创造的有形物质；制度文化包括政治、经济、教育、法律等制度；精神文化包括文学、艺术、宗教、价值观及思维方式。文化层次又有表层与深层之分，前者反映在衣、食、住、行、育、乐等生活方式中；后者则反映在社会制度、信仰、风俗习惯、价值观及宇宙观里。

（四）相关产业

文化产业的相关产业很多，主要包括提供文化产品、文化传播服务和文化休闲娱乐活动有直接关联的用品、设备的生产、销售活动，相关文化产品的生产和销售活动，出版发行、影视传媒、演艺娱乐、工艺美术、文化旅游等七大类；若进一步细分，则细项包括传媒、动画、影视、娱乐、游戏、旅游、教育、网络、信息服务、音乐、戏剧、艺术博物馆等。

（五）概念与推动

在地球村，许多地区很早就开始注重文化产业的推动，以邻近同种同文的祖国大陆与中国香港地区为例，根据相关部门制定的"文化及相关产业指标体系框架"，文化产业的概念被界定为"为社会公众提供文化、娱乐产品和服务的活动，以及与这些活动有关联的活动的集合"。而根据中国香港地区"创意产业基线研究"中的定义，文化产业指："一个经济活动群组，开拓和利用创意、技术及知识产权以生产并分配具有社会及文化意义的产品与服务，更可望成为一个创造财富和就业的生产系统"。另外，中国香港地区创意产业包括十一个行业类别：广告、建筑、艺术、古董与工艺品、设计、数码娱乐、电影与录像、音乐、表演艺术、出版与印刷、软件与电子计算及电视与电台。而不论是祖国大陆或中国香港地区，其对文化产业的推动都是采用"由上而下"的推动方式，由台湾当局政策配合地方执行计划，让文化产业带来更大的普世价值。

六、文创产业

文化创意产业（Cultural and Creative Industry）简称文创产业，2002 年 5 月，依照《挑战 2008：中国台湾地区发展计划》内的《发展文化创意产业计划》所确定。各国对于文化创意产业的定义不同，如文化产业、创意产业、内容产业等。目前世界较为认同中国台湾地区的，约有英国、韩国、美国、日本、芬兰、法国、德国、意大利、澳大利亚、新西兰、丹麦、瑞典……有关文创产业的内容，可分为缘起、定义、原则等几个部分来加以说明。

（一）缘起

1997 年，英国针对文化与创意面进行产业发展政策，此政策可视为是最早由地方政府所推动的创意产业；同一时期，韩国也开始从电影与数字等产业开始发展"文化内容产业"，尔后，澳大利亚、新西兰、欧洲诸国等亦陆续加入；中华人民共和国则是在 2000 年之后，艺术市场开始蓬勃发展，公共展演场地大建设，除在既有制造业的优势下寻找出路外，也开始重视文创产业的发展，有些并参考中国台湾地区的内涵。

文化创意产业为结合文化及创意的产业，其中，文化泛指在一个社会中共同生活的人们，拥有相近的生活习惯、风俗民情，以及信仰等。有狭义与广义之分，前者是指意识形态所创造的精神财富，包括宗教、信仰、风俗习惯、道德情操、学术思想、文学艺术、科学技术、各种制度等，是一种经由人们创造出来的新形态的产物；后者则指人类在社会历史发展过程中所创造的物质财富和精神财富的总和。不论狭义或广义的文化，"文化创意"即是在既有存在的文化中，加入每个中国台湾地区族群、个人等创意，赋予文化新的风貌与价值。

（二）文创产业定义

文化创意产业是源自创意或文化积累，通过智慧财产的形成与运用，具有创造财富与就业机会潜力，并促进整体生活环境提升的行业。

（三）选定原则

文化创意产业的主办机关是根据产业的特色，以及地方政府所属单位的职责划分来加以归类，且文创产业划分为十三个类别，说明如下述：

1. 由"文建会"负责主办的产业

由"文建会"负责主办的产业可划分为 4 个类别，即：

（1）视觉艺术产业。

凡从事绘画、雕塑及其他艺术品的创作、艺术品的拍卖零售、画廊、艺术品展览、艺术经纪代理、艺术品的公证鉴价、艺术品修复等行业均属于此。

(2) 音乐与表演艺术产业。

凡从事戏剧（剧本创作、戏剧训练、表演等）、音乐剧及歌剧（乐曲创作、演奏训练、表演等）、音乐的现场表演及作词作曲、表演服装设计与制作、表演造型设计、表演舞台灯光设计、表演场地（大型剧院、小型剧院、音乐厅、露天舞台等）、表演设施经营管理（剧院、音乐厅、露天广场等）、表演艺术经纪代理、表演艺术硬件服务（道具制作与管理、舞台搭设、灯光设备、音响工程等）、艺术节经营等行业均属于此。

(3) 文化展演设施产业。

凡从事美术馆、博物馆、艺术村等的行业均属于此。

(4) 工艺产业。

凡从事工艺创作、工艺设计、工艺品展售、工艺品鉴定制度等的行业均属于此。

2. 由新闻主管部门负责主办的产业

由新闻主管部门负责主办的产业可划分为 3 个类别，即：

(1) 电影产业。

凡从事电影片创作、发行映演及电影周边产制服务等行业均属于此。

(2) 广播电视产业。

凡从事无线电、有线电、卫星广播、电视经营及节目制作、供应的行业均属于此。

(3) 出版产业。

凡从事新闻、杂志（期刊）、书籍、唱片、录音带、计算机软件等具有著作权商品发行行业均属于此。但从事电影发行行业应归入 8520（电影片发行业）细类，从事广播电视节目及录像节目带发行行业应归入 8630（广播节目供应业）细类。

3. 由中国台湾地区经济主管部门主办的产业

由中国台湾地区经济主管部门负责主办的产业可划分为 6 个类别，即：

(1) 广告产业。

凡从事各种媒体宣传物的设计、绘制、摄影、模型、制作及装置等行业均属于此。独立经营分送广告、招揽广告行业亦归入本类。

（2）设计产业。

凡从事产品设计企划、产品外观设计、机构设计、原型与模型的制作、流行设计、专利商标设计、品牌视觉设计、平面视觉设计、包装设计、网页多媒体设计、设计咨询顾问等行业均属于此。

（3）设计品牌时尚产业。

凡从事为品牌的服饰设计、顾问、制造与流通等行业均属于此。

（4）建筑设计产业。

凡从事建筑设计、室内空间设计、展场设计、商场设计、指标设计、庭园设计、景观设计、地景设计行业均属于此。

（5）创意生活产业。

凡从事以创意整合生活产业的核心知识，提供具有深度体验及高质美感的产业均属于此。

（6）数字休闲娱乐产业。

凡从事数字休闲娱乐设备、环境生态休闲服务及社会生活休闲服务等行业均属于此。

4. 须有法令支持文创产业发展

一般而言，文创产业是以小而美的产品为主，而工商产业则以大取向，若从市场价格取向，文创产业很难发展；因此，一个中国台湾地区的文化创意产业要提升竞争力，并蓬勃发展，则有赖于地方政府、企业、民间等三方面的共同合作；因此，若法令规范不能根据文创产业的特性来加以规范并鼓励，则不仅文创产业很难发展，而且可能因为"鼓励"做法的不甚恰当而构成"图利罪"，反而成为扼杀文化创意产业最大的阻碍。

5. 提供良好环境

好产品通常来自好的环境，地方政府要重视专业化与职业化，才不会让文化创意产业发展面临"瓶颈"；但文化创意产业若要顺利而蓬勃发展，则地方政府必须提供一个好的环境、条例、奖励，或整合力，亦即地方政府替企业创造一个优质的文化创意环境，制定一些激励措施，此种相对较好的竞争条件所能创造的增值效果有时比单一的资金补助更好。

七、结论与建议

经由前述的分析与说明，可据以列出本研究的结论与建议如下。

（一）结论

本研究的结论如下：

（1）1989 年，中国台湾地区经济主管部门《2015 年经济发展愿景》，推动 OTOP（一乡镇一特产）计划，通过辅导地方特色产业，遴选具国际市场发展潜力的产品与厂商，以中国台湾地区 OTOP 共同标示形象，促进中国台湾地区地方特色产业走向国际化，再结合 OTOP 产业联盟组织，让优良地方特色产品能真正发扬国际，并达到活跃地方经济的目的。

（2）结合 OTOP 计划"一乡一特色"、"区域特色营造"、"农村再生"等政策，加上网络营销与文化创意，用以带动地方的"家有产业"。依据中国台湾地区各地方的文化特色，进一步与当地的特产加以结合。其中，"地方"的范畴是以乡、镇、市为主；而特色产业是指具有历史性、文化性与独特性等特质之一的地方产业，并将地方特色产业分为田园休闲类、农特产品类，以及工艺产品类等。

（3）2011 年，中国台湾地区经建会提出"家有产业"的构想，并与产业有家的观念相结合。其做法是借助座谈会意见交流，订出中国台湾地区未来产业区块版图，让每种产业至少有 3 个可落脚地点，每地点至少发展 3 种主打产业。而其发展区域产业包括核心都市、区域内外的通路、品牌的创建与营销、生产规模、市场及腹地等五大条件；且至少有北、中、南、东部，以及离岛五个产业区块，让每个产业都有主打的产业，增加当地就业机会，促进国际投资，提升民众收入。

（4）文化产业指按照工业标准生产、再生产、储存以及分配文化产品与文化服务的一系列活动。其主要特征包括产业文化行为、企业经营方式、文化价值的市场转换性、文化与经济双重功能，以及高技术高智力含量等；其相关产业包括出版发行、影视传媒、演艺娱乐、工艺美术、文化旅游等五大类；细项则包括传媒、动画、影视、娱乐、游戏、旅游、教育、网络、信息服务、音乐、戏剧、艺术博物馆等。

（5）文化创意产业是源自创意或文化积累，通过智慧财产的形成与运用，具有创造财富与就业机会潜力，并促进整体生活环境提升的行业。其选择原则包括多数原则、关联效益原则，以及附加价值原则。另外，国内负责文化创意产业的主办机关包括"文建会"、"新闻局"、"经济部"等，其中，由"文建会"负责主办的产业有 4 个类别，即：视觉艺术产业、音乐与表演艺术产业、文化展演设施产业，以及工艺产业等；由新闻局负责主办的产业可划分为 3 个类别，即电影产业、广播电视产业、出版产业；而由经济部负责主办的产业可划分为 6 个类别，即广告产业、设计产业、设计品牌时尚产业、建筑设计产业、创意生活产业，以及数字休闲娱乐产业。

（6）文创产业的特色包括要具有美学的观念，以及具有增值型产业的特性，但要达成家有产业的文创加值，必须让创意产业的产值量能放大，亦即有量才有产业，更要具有整合营销的观念与做法，要订出目标与产值等。另外，文创产业的问题亦须加以解决，包括须以美学奠定文创基础，须以基础教育发扬文创产业，须有法令支持文创产业发展，以及地方政府必须提供良好的环境等。

（二）建议

由前述的结论说明，可据以列出本研究的建议如下述：

（1）OTOP（一乡镇一特产）计划是辅导地方特色产业的计划，以中国台湾地区 OTOP 共同标示形象，促进中国台湾地区地方特色产业走向国际化，计划案虽已结束，但为扩大成效，可进一步推动新的 OTOP 计划。

（2）结合 OTOP 的"家有产业"计划，可与当地的特产加以结合。目前"家有产业暨产业在家"虽已初具成效，但有待改进之处仍多，特别是营销问题，更是家有产业计划能否顺利成功的重要因素，亦即可进一步加强家有产业的营销通路。

（3）中国台湾地区经建会的"家有产业"是让每种产业至少有 3 个可落脚地点，每地点至少发展 3 种主打产业；目前虽已在中国台湾地区 21 个县市中提出拟发展地方产业的构想或建议，但有些县市的家有产业内容则未具体呈现，有待政府的积极配合与努力，亦即上层决策要能具体而落实。

（4）文化产业是分配文化产品与文化服务的一系列活动；其相关产业及产品

很多，且都与民众的生活有关，但民众对文创产业的特性，以及文创产品的认知等了解相对有限，若能在文创业与消费者之间提出更佳的辅导政策，对民众的生活及中国台湾地区的经济发展都会有很大的帮助。

（5）文化创意产业是源自创意或文化积累，具有创造财富与就业机会潜力，地方政府对文创产业应积极加以转导，除了资金的辅助之外，创造一个有利文创产业发展的环境应是更佳的辅导方式。

（6）文创产业的特色包括要具有美学的观念，以及具有加值型产业的特性，但要达成家有产业的文创加值，文创产业的问题亦须加以解决，包括奠定良好的教育基础，订定符合文创产业发展的法令等。

让世界看见你的软实力。

突破界限集结众力达成目标，总归一句话：如何让世界看见你的软实力？

我们都知道失去热情的人，他们看起来平淡无奇，而且一生似乎都漫无目地随意漫游。但是我们也知道有另外一群人，他们对工作和生活充满热情，无论走到哪都散发着能量和热情。并不是工作本身使人兴奋，而是工作的态度使然。更深一层的层次来说，热情和创造力通常是结合在一起的。甚至在面对棘手的局面时，充满热情的人似乎可以找到更表层的意义来引导自己。许多领导人不认为环境是刺激热情和开创新想法的重要因素。那么，问问自己以下的问题：

我们公司的环境吸引人吗？

我们公司的环境能够传达"我们是谁"、"我们做什么"、"我们最骄傲的是什么"等相关信息吗？

我们公司用服务、色彩、舞台灯光、艺术、草木、语音和其他优美悦人的方法来传达热情和动力吗？

我们公司有足够、不同大小的会议室来满足团队正式或非正式的互动吗？

随着工作的进展，我们的环境改善了吗？

我们的环境传达了"我们是创新企业"的信息吗？

让我们用行动来回答这些问题吧！

案例 8-1 "有团队伙伴的热忱力挺，才能让米食发光发热，传递对健康与美味的坚持。"

主要产品：西式便当、法式甜点

以中国台湾地区传统米饭及色香味俱全的菜肴，吸引许多慕名而来的消费者争相尝鲜，人潮终日络绎不绝，更吸引媒体及电视节目前来采访。创办人张传卿说："餐厅取名'米食'，是因为西餐料理一般是搭配面包或面食，但东方亚洲人的主食为'米'，因此希望以此为核心创造出结合东、西方的餐点。"从小就怀抱着厨师梦的张传卿，15 岁即投入烘焙及西餐相关的学习，累积了 12 年厨艺经历后，遇上一群拥有美食精神的事业伙伴，决定携手打造提供健康与美味的无国界厨房，并选定内湖作为创业基地，于 2013 年 3 月开设一家以提供外带、外送服务为主西式便当店。

由于创业初期无法有效推广米食的知名度，因此连收支平衡都困难，家人及朋友也不再鼓励张传卿创业。默默承受着财务压力和亲友的否定，让张传卿不禁怀疑自己的选择是否正确，自信心也因挫折而逐渐流失。不愿轻易放弃的他，开始学习了解及分析餐饮市场的结构与生态，"有些店面外观普通却人声鼎沸，有些店面装潢得光鲜亮丽却仍无法长久经营"。张传卿决定以此为鉴重新调整步伐，"相信只要内涵丰富扎实，就不怕没有成功的一天。"张传卿重新盘点自己的优劣后，决定全面调整餐盒的设计，提高餐盒的精致度。

随着口碑、米食的人气的提高，营收也跟着水涨船高，张传卿和创业团队评估后拍板，以大坪数店面并开放内用服务扩大经营规模，觅距地铁站仅须 3 分钟路程，成立一个新的营业点，三角窗的大店面挂上鲜明的招牌，让外地前来的顾客不用奔波寻找，即可在窗明几净、简约舒适的氛围里享用精致、美味、健康的西式便当。为了回应消费者对米食的支持，张传卿除了贴心地根据男性、女性食量的不同需求，推出"米食"和"舒食"，让顾客能以最适量的美食满足食欲外，也在餐点项目中大方增加了知名品牌咖啡及手作精致法式小点，让顾客多了一份悠闲享用下午茶的新选择。

"想创业就别一直替自己想后路，千万不要给自己任何可以放弃的借口！"张传卿说，创业前一定要有缜密的规划再着手进行，因为一旦事业启动后，将会有相当多的细节问题接踵而来，亟须耗费大量心思处理，若事前未有妥善万全准备就贸然开始，很容易因为各种棘手问题纷至沓来让自己措手不及。

案例8-2 "当不成巨人，我们就叠罗汉吧！"顽皮铁蛋品牌的诞生

主要产品：铁蛋，豆干等

创办人陈秀卿，原先从事证券工作，历经股市风光站上万点后急坠谷底的时期，投资人惨赔，创业念头因此萌生。她辞掉工作后，立即向一位卖阳春面同学的母亲拜师学艺，学习卤味制作的基本功。1993年陈秀卿毅然决然购入二手摊车、2000元的食材，选定在夜市里，一边背着稚龄幼子，一边叫卖招呼生意，开启她的夜市人生。

创业后，马上赚进人生第一桶金，先生也辞去工作，同心为改善家庭经济而努力。但钱赚到了，人却也累垮了！陈秀卿惊觉，自己创业的初衷是为了能多陪伴孩子，给孩子良好的教育，于是陈秀卿决定离开夜市，将制程最繁复、费时，最少人愿意制作的铁蛋（中国台湾地区著名小吃）作为市场区隔及竞争力转型成为中盘商，供货给全高雄市100多家卤味摊。

1997年陈秀卿成立企业行，并陆续进驻百货公司设立专柜。质量与口感绝佳的铁蛋立即获得市场青睐，"顽皮铁蛋"品牌由此诞生。

创业初期制作采土法，每天蒸蛋、去壳后，用家门前的升降吊绳将蛋输送至顶楼屋顶卤制，接着再一颗颗摆放在竹篓上静待风干。输送过程风险高、制作流程耗时，订单量剧增后，陈秀卿回到老家农地，搭建铁皮工厂作为基地，不断采购与研发新的自动化机械，带领得铁蛋航向现代化与精致化。

2002年，有关当局推动一乡一特产，希望每个乡镇都能结合当地特色，发展具有区隔性的手工艺或食品特产。陈秀卿的先生正是路竹乡的农村青年，且路竹又以"蛋"举台闻名。

在2005年正式启用，企图再次转型。2011年陈秀卿将厂房面积扩增为1000坪，并以鲜明的概念打造"台湾卤味博物馆"，馆内共区分为5站17个点，包括：科技化制程参观站、卤味故事馆与地方文化馆、商品展售区、卤味博物馆、卤味飨宴及DIY体验区，针对不同地址设置不同动线及场景，以满足

消费者"照得到、看得到、吃得到、玩得到、买得到"的五大需求。

　　"一个5000元起家的路边摊可以外销到全世界，除了感恩还是感恩。现在公司内员工九成皆为女性，且多是弱势或二度就业的妈妈们，和我当初想要给孩子更好教育的初衷相同，就是这股力量才能造就今天的成绩。"当年陪着夫妻俩一路打拼的摊车、客人坐的小桌椅，以及让制程进化的第一台干燥机、M855连续式自动成型真空包装机，如今仍珍藏在"台湾卤味博物馆"中展示。陈秀卿坚信，"永远不要放弃，凡事没有不可能，只有你愿不愿意。"希望借助"台湾卤味博物馆"把感恩、学习、借力使力的精神继续传递。

第九章　洞烛先机　创造变局的中小企业新契机

天下没有不散的筵席，事业是个有机体，自有其生命周期。在每一个事业阶段，因为种种原因，悲伤的也好，快乐的也好，创新创业家都有可能必须考虑退出事业。因此，本章我们将要谈谈一般教科书中较少涉及的退出策略。

一、 成功的退出

京剧泰斗梅兰芳曾说：上台身段要优雅，下台背影要漂亮。

创新创业家不见得就是最好的经营者。随着企业处于不同的成长阶段，所需要的人才类型也会变化——创业初期，我们可能需要积极果敢、勇于决断的经营者；成熟期则需要深谋远虑、处事周全的经营者。因此，在每个阶段的过渡期，都要能妥善地转移经营权。

公司本质上并非民主体制，无论制度如何完善（法制化），继任经营者拥有绝对的权力来引导公司的走向。因此，对上要与股东会妥善地沟通，选任继任人选；对下要与员工充分沟通，甚至安排一段从旁辅佐顾问的时间，分阶段性地转移经营管理权限。事业成功时选择退出，也不尽然是件简单的事，创新创业家搞到灰头土脸，时有所闻。其中将最重要的工作分述如下：

（一）股权转让

创新创业家将股权转让出去，相当于出售自己在公司的权力，又称为卖公司。通常新创企业经过几个回合的增资，甚至 IPO（首次公开募股）以后，创新创业家自己所能掌握的股份都不到 50%，不足以绝对性地主导公司的经营。但是，他仍然是公司的大股东之一。转让股权相当于彻底脱离公司，不再参与分配日后的利润，会让其他的小股东怀疑创新创业家是否对公司的未来没信心，进而影响到持股的意愿或股价，并影响到公司日后的募资，更进而影响到公司未来的营运，这是个非常不好的负面循环，千万要避免。

在 IPO 之前，公司并未公开发行，要转让股权，必须由出售人自己私下去找特定人承接。根据契约自由的精神，你要找谁来买你的持股是你的自由，别人无从参与议论。只要买卖双方谈好价钱，签订合约，然后去银行缴纳证券交易税，再去向公司的主管部门登记一下就行了。在中国台湾地区，如果你的持股比例很高，可能会需要经过其他一定比例以上的股东签名认同，才能向主管机关办理股权变更登记。这些细节可以找合格的会计人员就能处理了。

要注意的是，IPO 前，股票并没有市价或公开价格，只要买卖双方彼此同意就行了。因为公司经营还算成功，未来成长可以预期，通常成交价都会是当初创业时投资成本的数倍，甚至数十倍、数百倍之多，这大概是创新创业家最可观的回报了。

若是公司已经 IPO，就不允许私下转让股权，必须在公开市场中由有意愿承接者竞价成交。因此，无论交易对象、条件、股价等都不允许买卖双方私下议定。

然后，大股东出让股权的消息极易动摇市场人心，形成对公司不利的影响，所以在 IPO 以后，主管机关会要求大股东有一段闭锁期，通常是两三年，持股超过一定比例的大股东不得出售股票。

无论是金钱上、物质上或者精神上，创业成功所获得的回报都比一开始的投入要大得多。因此，很少创新创业家是把公司卖掉后就退隐江湖、收手不干了。大多会选择下一个目标，继续投资创业。从此开启下一轮的创业生命周期循环，至死方休。

（二）再次创业

创业成瘾的现象几乎是跨越文化的普遍现象。案例很容易证明，创新创业家一直不断地尝试创业，而对创业没兴趣的人就是没兴趣，前者与后者的比例大概是 1:10。而创业活动的兴盛程度与国家经济成长有直接密切的正相关，为政者岂能不多花点心思呢？我们认为，对创新创业家自身而言，创业成功后再创业，不断地创业，不仅是兴趣与权利，也是一种天职和义务，正因为创新创业家在人群中犹如凤毛麟角，更有必要尽一己之力去推进整体社会。

唯一要特别注意的是竞业禁止的问题。在科技业、文创业等以智慧财产、创意作为主要增值工具的产业中，公司的价值主要在于内藏于人。因此，通常曾在公司章程、雇用合同中明列竞业禁止的条款，规范公司内的从业人员在离开现有职位后，在一段有限期间内，不得加入其他相互竞争的公司。虽然此类条款仍有争议，是否影响个人自由（职业选择权），但违反合同还是得上法庭，相当麻烦，尽量避免为宜。再说，创新创业家也没必要成立一家新的公司来与自己创业的公司互相竞争？如果真这样做，相当于损害了其他股东投资人的权益，损人利己，十分要不得，也会损及创新创业家自己最重要的声誉，得不偿失。

二、失败的退出

对理性的创新创业家而言，研究失败时如何结束（或退出）事业，往往比研究如何享受成功的果实更重要。因为统计数据告诉我们，失败远比成功的概率要大。甚至我们可以说，绝大多数的新创事业都会失败。奇怪的是，太多人谈论少数的成功案例，却很少研究谈到为数很多的失败案例。这大概是因为人有一种奇妙的心理免疫机制，倾向于忽略失败的伤痛，也会自动回避可能让自己痛苦的情境。所以，没人喜欢看谈论失败的资料。

（一）烧钱太快

孙中山先生革命一胜十败、愤怒鸟（Angry Birds）兄弟档甚至一胜五十一败。我们看到创新创业家很好玩，像是在搜集失败经验般一次又一次地尝试，直到最后的成功。失败固然是一道伤口，但也酝酿着下一步成功希望的萌芽。柳井正认为，毫无疑问，人人都讨厌失败。但是，如果不能正视眼前的失败，或是将失败掩盖起来，或是埋在地下，企图将失败从记忆中抹去，那么只会重蹈覆辙。

事业失败时，最重要的是吸取经验，不要重蹈覆辙。所幸，新创事业的失败原因不像孙中山先生革命那么复杂和要命，拨开重重的表象迷雾，根本原因其实只有一个：失控的烧钱速度（Burn Rate）。创新创业家常常忘了创业筹资是多么辛苦的一件事，一旦握有大量的现金，就会铆起来拼命烧。比较糟糕的状况是，烧钱失控常与创新创业家的品德和公司经营的纪律有关。拿到钱就改租豪华办公室、改开名车、不节约日常损耗（Overhead）、坐领高薪的状况时有所闻。这就是俗话说的"大头病"，不戒掉的话，事业要能成功实在很难。中国台湾地区前台塑集团董事长王永庆先生直到晚年，还在用一条老旧的破毛巾，这种刻苦精神，才是创新创业家应该学习的榜样。

现金犹如企业的血液，血液带来养分，提供所有企业活动所需，失血过多就会死。现金流量的管控是新创事业要存活最重要的议题，创新创业家常见的错误不外乎三种：

（1）对现金流入的方法与管道理解不够。错估收入来源、市场预测失灵、对产品与收入的关联性有错误的期待、低估获得现金收入所需的时间等等。

（2）低估成本。设备的折旧与淘汰更新需要超乎预期、低估人员的训练成本及人力需求、低估日常作业损耗、低估营销费用、低估研发费用等等。

（3）低估确保财务安全的现金流量，周转金不足。

新创企业财务管理上有一个最重要的检核点，叫做损益两平（Break Even Point）。损益两平意味着现金流入与流出相等的那个时间点。通常在 BEP 之前，流入小于流出；BEP 之后，流入大于流出。创新创业家的责任是尽早让公司达到损益两平点，然后现金流量一直保持正值，这就是创业游戏唯一的诀窍。要记住，幸福就是现金流入（Happiness is a Positive Cash Flow）。

在创业哲学的层次，创新创业家最常犯的错误就是：失去焦点，不够专注。

尤其在微型产业中，创新创业家都是充满创意的人，创意需要发散性、平行思考，常常曾有：Eureka 又想到新点子的灵光迸现时刻。最后就会变成这样也可以做、那样也可以做，样样都可以做，三心二意难以抉择的状况。许多失败的创业都是因为在某一个计划上遭遇挫折，就立刻投入另一个计划，而没有给前一个项目充分的时间，让市场、消费者、客户、上下游相关联厂商和其他利害关系人都能够配合上来让成果发酵。

创意无限，但时间精力有限。若分散了注意力，就不容易打中目标。能者多劳，愈优秀的人物，就曾有愈多人、愈多事找上你。这时，达文西的至理名言就有效了：在开始的时候拒绝，总是比到了最后才拒绝容易得多。

　　事业经营很重要的是专注：一次只做一件事，把一件做好再做另一件！在管理学上，有个著名的 ABC 的法则：军队是三人成伍、三伍成班……组织起来的。因为管理幅度超过 C 就很容易失焦分散。同一时间，最好不要管理超过 ABC，也就是三个以上的项目。从投资风险的角度来思考，创业活动也有点像赌博，连续出现十次人头并不意味着下一次也会出现人头，我们应该努力是学习赌博的技巧，而不是凭概率乱猜。

　　选择该放弃、该拒绝的事物也是一门学问。创新创业家是充满热情的高感性人物，对于已投注热情和大量成本的计划常常会舍不得放手，导致更严重的损失。经济学上有所谓沉没成本，已经沉没、无法回收的成本，就好像已经沉没的泰坦尼克号，不可复追，不应该让它影响到你日后的决策。简单来说，已经发生的事就没法回头了，不要考虑，只要专注于思考未来决策的利弊就行了。当断则断，该舍即舍，才是创新创业家所应该有的魄力。

案例 9-1　愤怒小鸟，一胜五十一败

　　炙手可热的 Angry Birds 游戏是由芬兰的两个兄弟所开发的，公司名称叫做 Rovio。这家游戏公司创办于 2003 年，最大的问题就是没有稳定的游戏发行通路，没有通路就无法接触客户，没有客户就没有营收，没有营收就只能等着关门。于是在 2009 年年初，公司由五十人缩编为十二人，濒临破产。

　　2007 年，iPhone 的出现及 App Store 的兴起，改变了游戏开发的规则，只要透过 Apple 就可以与许多潜在客户进行接触，进而达成合作关系，解决了 Rovio 公司的最大问题。创办人之一 Niklas Hed 说："iPhone 开启了全世界。因为你只需要一个入口，就能在全球发行。"

　　所以两兄弟下定决心，专注开发适用于 iPhone 的游戏。但是，业务仍然没有起色，他们咬牙苦撑，以借款维持营运。他们本来预想每 10~15 个游戏中，就会有一个成功的机会，却没想到一个又一个写下去，却都失败了。直到第五十一个游戏，终于一炮而红。

　　那一个游戏正是 Angry Birds。我们想说失败很痛苦吗？失败一次就放弃的人，浅尝辄止，扼腕叹息。

在财务上认赔沉没成本、在心理上接受失败所带来的羞辱和痛苦，你就会重新发现天空好蓝，每个人都好美，每个想法都充满创意……又重新获得出发最需要的勇气。要避免沉溺于失败，要从失败中站起来，最简单的办法是：公开承认失败。输就输了，有什么好丢脸做坏事就应该丢脸，对吧？

处理战败最重要的是要"果断"！不要三心二意，迅速有效地制止损失，避免现金流量在犹豫时进一步下降。俗话说：变了心的女人、泼出去的水，都是不会回头的。赔钱的事业也是一样，当断则断，才能为自己留下一线生机。好，那我们就可以进行战败处理了（其实这真是英勇的行为。）

（二）资产清算

我们要先把公司资产作一次清算：哪些值钱？哪些不值钱？值钱的东西变现；不值钱的东西留着作纪念。

处理有形的资产相对容易。比如生财器具（固定资产）可以出售、存货也可以跳楼大甩卖、应收账款可以转让给别的公司、房屋建筑也可以转售出租都可以回收或多或少的现金。处理无形资产就相当麻烦了。尤其是微型或文创事业，大部分值钱的资产都是无形的。有各类知识产权保护的资产，可以想办法转让变现：商标、专利可以转让，买卖双方签好合同，然后到主管部门去登记就可以了；著作权转让及商业机密不必登记，自由合同约定即可。然而，这些权利的经济价值，却很难通过现行的会计方法得到一个公正公平的评量。在事业结束的情境下处理无形资产，显然对创新创业家比较吃亏，甚至一文不值的状况也不罕见，得要有心理准备。说起来，失败的创新创业家可以带走的，就只有经验和教训而已了。所以，千万不要连这些都轻易丢弃。

（三）债务处理

把资产做了一番清理以后，现金得拿来优先清偿债务。如果现金大于债务，那当然没问题；我们认为有问题的是，通常在这类情况下，现金通常不足以偿还债务。还记得吗？公司就是因为现金流量不足才必须结束的，而且资产清算后也换不到多少现金。这时，债权人（债主）会没收你的抵押品（房屋、汽车、存货等），如果他拿去变现了还不够，剩余的债务就会落到保证人头上去承担。保证人分两种：一种是单纯的保证人；另一种是连带保证人。债主只有先向债务人求偿未果，才能向保证人追索债务。但连带保证人则不然，债主可以径行跳过债务人，直接向连带保证人求偿。所以，连带保证人真的得负非常大的责任，千万不要轻易答应当别人的连带保证人，连带保证人被朋友拖累得倾家荡产的例子太多了。

更糟的是，通常银行要求以公司的名义贷款，董事长（也就是老板）必须担任连带保证人。也就是说，别人是有限责任，创新创业家却是无限责任——倒闭的公司没法偿还的债务，必须由老板一肩扛起。创业风险无限大！在国外，公司贷款的同时必须提供充分的抵押。所以即使公司倒闭，抵押品拿去拍卖足以清偿债务。而且有限责任的制度得以贯彻，公司的债归公司，私人的债归私人，公私分明。然而，中国台湾地区超贷（超出抵押品价值的贷款）的现象很普遍，所以连带保证人有很高的风险。这种有限公司、无限责任的制度正是创业与创新最大的阻碍。

案例 9-2　心灰意冷到想承认创业失败、由参加竞赛的机会，她决定再给自己一次机会

主要产品：创意乡村料理、无油料理专卖店。

当初的创业念头并非是开设餐厅，一开始只是觉得因特网很发达，想协助家人在网络上销售冷冻食品，仅仅如此。而刚好，唐懿萱正在文化大学推广部进修的时候，学校举办了一场创业比赛，她还记得第一名的奖励是免水电费、免租金，让她非常心动，便以将传统大型糕点改良为精致型商品的创意巧思，参加比赛获得第二名佳绩。也在评审的激励下，萌生将创业构想具体化的念头，再加上学校附近也有店面转让，她便毅然决然开店创业。

中国台湾地区在 2011 年时曾爆发一场塑化剂危机，至此"安全食物"已是消费者关心的重点项目。同时为母亲、人妻以及创业者的三重角色，创办人唐懿萱瞄准这一点，一方面标榜 Mini Bar 为无人工添加物、无味精、无油的健康餐厅，希望自家产品是安全并备受信赖的。另一方面，一个人商机正夯，单身和类单身的消费势力增长，俨然成为未来趋势，不容忽视，唐懿萱便设定餐厅消费族群为单身及小家庭外食族，这个族群最大的问题就是"油吃太多，菜

吃太少",因此她希望可以提供外食族一个健康、用心的安全餐厅的新选择。

此外更有一个让 Mini Bar 陷入谷底的疏失,唐懿萱说,因为她及合作伙伴都是出身于服务业,缺少财务专长,也没有财务背景的朋友,所以一开始她们对营业额估算得太乐观,对财务规划得太漫不经心,也没想到申请有关当局的创业贷款,拨款的时间与额度都不如预期,使得 Mini Bar 错过了创业的黄金时期,流失许多机会。在这样的打击下,当时唐懿萱非常难过,心灰意冷到想承认创业失败、选择退场的时候,偶然得知由有关当局经济部主办的"创业点子星光大道 idea show"募集创业好点子的竞赛活动,她决定再给自己一次机会。没想到藉由这次参加竞赛的机会,她获得嘉许,并从比赛过程中,得到许多创业前辈与伙伴的帮助及鼓励,除了提升 Mini Bar 的曝光率,还获得天使投资这场及时雨,解决了 Mini Bar 的困境。

经过这些危机,唐懿萱认为准备好足够的自有资金是成功的第一步,她提醒创业者,短期致富是赌博,并非创业,因为创业是一场持久战,一定要做好长期抗战的准备,而且若能妥善运用有关当局创业资源,更能避免多走冤枉路。

由此反推,创新创业家在经营事业时,要尽量公私分明,不要把私用报公账;也不要用私人名义去筹措公司资金。这才是正确的做法。否则在这种不合理的规条下结束事业时,债务超出负担能力时怎么办?

当债主向你讨债,合法的讨债方法就只有一种,拿着借贷契约去法院诉讼。一旦债权确立,债主可以要求法院强制执行——拿你个人资产去拍卖(借钱前记得脱产);留下你生活所需后,从你以后的收入来源定期扣款——如果啥都要不到,那也没脾气啊!当然,债务人要担心不合法的讨债手法(电话骚扰、喷漆、暴力胁迫……)。所以当初借钱就要尽量找合法的金融机构去借,他们就不太敢使用这些讨债手段。

总之,就是想告诉各位创新创业家也不用太害怕债务!有法就有破,能借就多借一点,借得少不如就不要借,省得麻烦。

最后,我们要讨论地方政府。

经营事业必须缴纳各种名目的税款(或罚款),包含公司所得税、营业税、印花税……这些税款若未按时缴交,或者是欠缴时,就会变成公司欠地方政府的债务。地方政府变成债主,无论是对公司与个人而言,这笔债务是逃也逃不掉的。

（四）股东权益：剩余价值

股东拥有公司的控制权，却到最后才能分配事业的剩余价值。当事业结束时，得先清偿债务、税务等，股东权益通常所剩不多，股东通常会不太高兴。股东不高兴的时候，当然就是找创新创业家出气了。

案例 9-3　Yahoo 创办人杨致远的时代崩盘

创办人与股东之间的利益权责，怎么分配才最正确？创办人以自身的概念及信仰建立了属于自己的公司，但在企业的走走停停之间，股东的想法及利益的冲突却一再挑战着原先的价值，这样的难题，雅虎（Yahoo）创办人杨致远最有切身感受。

2012 年，美国雅虎总公司正式公告雅虎共同创办人杨致远辞去雅虎董事会职务，以及日本、阿里巴巴等董事席次。杨致远就此离开一手创立的雅虎公司。此事起源于雅虎第二大股东罗布（Daniel Leob）的三封信，罗布相信，股东应积极保护自己的权利，高价出售雅虎，正是合乎股东权益的好选择。1994 年杨致远成立该公司以来，杨为了保住董事席次而产生太多利益冲突，先不论前两次他忽略了大股东的来信警告，其后再拒绝微软（Microsoft）以高价收购下雅虎的决定，杨认为雅虎（Yahoo）的价值不只于此，更是引发股东们强烈的不悦。同时，罗布信中揭露杨致远积极与私募基金合作，企图收购该公司主控股份，罗布认为，杨一面担任雅虎董事，一面又找私募基金扮演买方，将雅虎股份任意操弄，企图控制公司经营权。

面对质疑，杨致远表示：我们的目的不是待价而沽，而是寻求各种可能性。但是，最后真正促成杨致远离开的关键因素，却是新上任的执行长汤普森（Scott Thompson），他开出的上任条件之一即是希望杨致远离职。这一次，董事会不再支持杨致远，汤普森上任后十三天，杨致远在董事会上正式辞职，被一群他找来的人逐出自己创立的公司。一个公司的主要创办人究竟要如何平衡自身及股东们之间的利益，又该如何聆听与自己不同的声音，相信许多人在看到杨致远匆促离去的背影里，能够更深切思考这些问题。

清偿债务后所剩的现金，必须按照持股比例退还给股东。办完这道手续，事业清算才算完成。创新创业家离开了一手创办的事业，留下了寂寞的背影。

你动脑想想你若花钱创立了事业，五年有成，有大老板或大集团提出要以百倍的价钱来收购这家公司，你如何评估呢？

创新不是"灵光一闪"，而是艰苦的工作。要人们改变神圣的传统，要让他们不再遵守产业标准，这是艰苦的工作；要人们承认他们今天所做的事情明天将不再有效，这是艰苦的工作；让人们摆脱对"以往做事方法"的依恋，让他们采用新办法，这是艰苦的工作；坚持走创新之路，并遏止人们回到老路的倾向，这更是艰苦的工作。

这本书终于来到尾声。我们一起走过了文创产业中创新与创业的全部旅程。总结起来，创业活动的失败率实在太高了。一胜九败只不过是平均值，而第一次创业的失败率更高于此。不要忘了，创新是个学习过程，从先前的失败中累积最后成功所需的经验与知识，这是没有办法在学校里学到，也没有任何具体方法可以从别人的失败经验中得知的。如果创新创业家无法享受过程，就会被失败所带来的巨大痛苦所打倒，根本连结果都看不到。柳井正提出：建立不会倒闭的公司可以一胜九败，但不容许一蹶不振的失败。现金一旦消耗殆尽，一切玩完。另外，他也强调刻苦工作的重要性，工作的时间和强度比别人多，成功的概率自然比别人高。别人消极的心态和说法千万别相信，唯一能评价你工作成果的是市场和顾客，把东西做出来，往市场上推就对了。细节中藏着魔鬼，首先千万要注意日常事务的小细节。一个被忽略的细节就像一颗老鼠屎坏了一锅粥，让你前功尽弃、功亏一篑。其次，快乐——有助于创意，而创意是所有创新活动的起源，有创新才能够创业。如果创新创业家不能享受这个创造性过程，就会变得紧张兮兮、神经质、戒慎恐惧；专注有余，而忽略了更重要的全面性关照，也会丧失许多创业机会。恐惧是创业的敌人。让我们用著名的创新者华德·迪斯尼的话来结束本书吧！

—— "梦想、信念、勇气、实行。"

范例分享

创意产业教父约翰·郝金斯提出了创业者十诫，作为创业者的信条：

（1）创造自己：物以类聚，与相同（近）才能的人在一起，可以增益自己的能力与专业形象。更重要的是，同事间的互相鼓励，可以激发彼此的潜力与动机。郝金斯甚至建议：如果想要的话不妨尽早离开学校，可是千万别停下学习的脚步。

（2）把优先级放在概念而非数据上：想象力永远比数字更重要。学业成绩通常不代表个人的能力；而短期现金流量也不代表公司成长潜力。

（3）要有游牧民族的心态：创意同时需要孤独和群众，必须和人群在一起，以察觉社会的脉动与市场的需要；同时离开人群，避免无谓的事务与干扰，孤独地思考和创意。

（4）由自己的思考活动界定自己：不要让别人的看法主导自己。

（5）学无止境：把自己倒空，学习新事物；检讨自己的缺点，接受别人的优点，并加以模仿。

（6）善于运用名气和闻人：信誉是无形的重要资产，而名气就是其外显形式。努力经营自己的名气，会让你得到巨大的利益。如果你的伙伴是名人有社群力，不要犹豫，好好地应用他。

（7）视虚为实，反之亦然。无形价值是主要价值，有形价值是次要价值。

（8）亲切和蔼：华人首富李嘉诚说过：蜘蛛之所以能坐享其成，是因为曾经努力经营那人脉关系网。

（9）对成功要不吝公开的赞美：别人赢了，不代表你会输，两者之间不是互斥的关系，多赞赏别人，是赢得好感的秘诀。网球天后娜拉提诺娃（Martina Navratilova）曾说过一句十分正确的话："如果有人表示胜负无关紧要，那他八成会输球"……不妨以好奇心多方探索失败的意义。

（10）要有企图心并且充分享乐。

拓展阅读——微型企业家精神故事

当看到新人开心的笑容，一切的辛苦都值得了！

主要产品：喜庆综合服务业其他顾问服务业

创办人陈佳郁，高雄应用科技大学工管所毕业后，先后在两家电子公司任职长达 7 年。"进入婚庆产业，其实是 7 年前要结婚时想委托婚庆协助，却发现中国台湾地区南部的婚庆市场未臻成熟，专业的婚庆大多集中在北部，但北部婚庆又多锁定金字塔顶端的客群。"因为亲身体验，更希望中国台湾地区南部能有专业的婚庆公司，陈佳郁决定自己创业，为每对新人打造梦想中的婚礼。虽然没有任何婚庆的经验，陈佳郁并不胆怯，她先上了 2 个月的婚庆课程，累积基本的婚庆知识，也因为当初开课的老师为北部业者，让她发现地域性的差异，课后先进行半年的市场分析，才决定踏入这个幸福的行业。

决定创业后，陈佳郁维持白天在电子公司上班，利用晚上的时间与顾客沟通。创业初期没有店面，而是以行动婚庆的方式与顾客接洽，顾客在哪，就要到哪和他们讨论，经常是下班后就驱车急奔约定的咖啡厅，连好好吃顿晚餐的时间都没有。而且当时没有聘请员工，所有的婚礼道具、流程都要自己亲力亲为，刚开始创业的前 2 年，陈佳郁每天都得忙到凌晨 2~3 点才能就寝，"当看到新人开心的笑容，一切的辛苦都值得了！"

当幸福氛围规模扩大后，陈佳郁决定自行开办婚庆课程，"当从事婚庆行业的人增加，就会有更多人知道这个产业，进而扩大市场需求。"在过去婚庆行业尚未兴盛时，新人在结婚时并不会想到新娘秘书，而现在能否请到专业且配合度高的新娘秘书，则是每一位新娘最在意的事，这也显示出婚庆市场逐渐扩大的态势。随着幸福氛围规模逐渐扩大，陈佳郁也希望将这份事业分享给有兴趣加入此行业的人，并开始考虑发展连锁经营体系，能将这些经营技巧以加盟的方式营销出去，但却不知如何着手。后来除了分析加盟种类及注意事项，也提供许多建议，"通过创业咨询服务，让刚创业的我更有方向，也更知道该如何走下去。"

"维持现状就是退步。"从踏入婚庆行业后，陈佳郁每天都问自己，"我还能不能做得更好？"对于想投入婚庆产业的创业者，她给予的建议是：一是"用心"，这是一份很幸福也很神圣的工作，每对新人把他们人生中最重要的一件事交给我们，唯有用心把每一场婚礼当成自己或是好朋友的婚礼在筹划，才不会被竞争者打败；二是"特色"，找到自己的优势，让自己与同业有所区隔，并坚持最初的理想。

婚庆市场小额资本即可创业，但须具备创意及一定的专业程度，除了婚俗规划、婚宴规划及布置，陈佳郁也发现另一项商机：婚礼小物设计，"创意也可以带来商机，吸引新人的目光，达到令众人满意的效果。"目前幸福氛围已与新娘秘书、乐团、饭店等业者异业联盟，将各自的专业领域结合，提供新人更多元的服务，扩大婚礼市场。

毕业后，并没有选择继续深造，或是投入职场，而是和专题成员一起创业
主要产品：纸类设计

纸团的创办人杨茹安，在大学时就读昆山科技大学视觉传达设计系，在毕业专题指导老师张金玉教授的鼓励下，杨茹安与设计团队参加了许多比赛，例如TiC100、U-START 及 red dot 等，也启发了她创业的契机。杨茹安毕业后，并没有选择继续深造，或是投入职场，而是和专题成员董佳佩一起创业，成立了纸团工作坊。

纸团工作坊荣获 2009 年 TiC100 红点新锐奖，2010 年 U-START 绿包装评选特优、媒体青睐奖等奖项肯定，加上昆山育成中心的全力支持，让纸团有了幸运的开始。这些好运加快了杨茹安创业的步伐，即使得到许多资源，但现实问题并不会因此而减少，杨茹安认为，"比赛的逻辑较容易拿捏，而创业考验的是解决问题的能力及市场适应力，参加创业比赛的作品是纸团的荣耀，但创造设计的本意不是为了量产，而是满足创作者的乐趣，高难度的 DIY 产品马上面临商业市场上的挑战。"

纸结构创意产品泛指市面上的纸玩具，或纸折成的笔筒、置物盒等，那充满玩心的作品即使获得奖项也无法量产贩卖，深受评审喜爱却输给商业考虑，这是纸团面临的第一道关卡。在纸团成员努力下，解决方法是寻求系列产品的个别发展，透过改良与增加实用性，延续产品的生命，预计明年开始行动。

有关当局推动的政策加上目前的经济形势，造就创业者增加，杨茹安提醒创业者，"什么事都该自己来的时代已经过了，有机会马上抓住并投资的心态也不见得正确。"创业咨询辅导，在产品定位方向获得许多协助，例如定价是否合宜、定价与品牌定位及贩卖点的相互关系等等。此外，她也建议创业者可多参加比赛与展览，获得媒体曝光的机会，"急于追求成功之际，不如稍微等待，或许可有效降低创业风险。"

最后杨茹安透露纸团未来的发展，仍会以创新纸结构产品为主，无论是小玩物、灯具、卡片、实用包装等等，以创造有趣的纸结构为努力方向，另外也期望各种异业结盟的可能，让纸团在各个领域发挥纸结构的长才。

创意如果能够实现，不仅可以解决多数人共同的困扰，同时也将成为数字服务产业的主流

主要产品：相簿软件

已为人父的创办人陈明宗和许多父母一样，都喜欢给孩子拍照，记录成长点滴。但面对众多照片的整理、收藏，以及传统相簿格式不便用文字完整记录当下心情的限制，让他感到相当苦恼。"真希望世界上能有一种方法，可以让没有美术编辑经验的人，也可以简单与自由地操作，编排出一本属于自己的相簿，如此就能方便分享，又可以解决相片档案占据计算机容量的问题。"陈明宗脱口而出的想法，立刻引起苏培伦的共鸣。虽然当时国外 Apple 计算机已有类似的服务，但仅限部分国家才可使用，且中国台湾地区多数都是微软 Windows 系统用户。这个创意如果能够实现，不仅可以解决多数人共同的困扰，同时也将成为数字服务产业的主流。因此，陈明宗邀集在软件开发、网站规划、图像页面呈现、会员经营领域有实战经验的同事，有钱出钱、有力出力，于 2006 年成立巨津效法 Apple 的 iPhoto 摄影集印制服务，开发出 Windows 系统使用的软件，并于来年推出"好感动"相簿。

游戏背景出身的陈明宗说："研发一套软件并不困难，但如何设计出符合使用者操作习惯与简易的接口，则需不断地测试与调整。"因此在产品上线前，他广邀亲朋好友充当"小白鼠"进行试用，产品问世后，他更致力于机能及质量的维持，进而做好客户关系管理，并同步向经济部中小企业处的创业圆梦计划申请资源支持，透过创业顾问的咨询服务及创业圆梦网中的电子橱窗，更让他获得营销策略的指点与免费曝光的管道，顺利打开知名度。

创办人陈明宗建议想投入相关行业的朋友，务必要先了解印刷产业、网络营销经营的方式，"更重要的是，要站在消费者立场，将心比心去思考产品的接受度与质量，才有机会在市场上胜出。"

这一路跌跌撞撞走来，陈明宗和苏培伦等事业伙伴，十分庆幸团队的坚持可以让"好感动"相簿在市场上闯出好名声，同时也获得许多大厂青睐，相继与之合作。5年间，已成功创造上万种感动，未来也将持续向前迈进，让更多人可以完整典藏生命的每一刻。

"好感动"相簿的诞生，成功开启中国台湾地区客制化个人相簿的精致服务，同时也给逐渐式微的传统印刷厂带来一个崭新的契机。

因为渴望成功，觉得自己天生就该创业去冒险
主要产品：男女交友结合商务的专属平台
"PimLove 品爱情"创办人陈保元自认是一个平凡的人，却想追求不平凡的人生。陈保元毕业于财金系，看到身边的好男好女们，因工作忙碌等因素而无暇恋爱，因此他决定投入爱情交友市场，并于2007年创立一家以影音交友模式为主的爱情公司，但由于男性普遍注重异性的外表，因此女性不自觉地总是处于被动的地位，而影音交友网站最终也遭情色业者攻陷，技术委外的包商又突然倒闭，公司被迫结束营业。面对第一次的创业失败，陈保元决定借助脸书（Facebook）打造一个在线爱情的交友平台，2011年8月，"PimLove 品爱情"正式诞生。

初期，由于规模较小，最关键的程序技术人员不仅难招募且流动率又高，因此花了很多时间在寻找人才，甚至在批踢踢实业坊上张贴超级"另类"的征才信息，"如果加入我们一年内没死会多给你一个月工资（优先帮你配对！绝对黑箱!)"、"你会是全中国台湾地区人缘最好的工程师，因为全台的单身配对逻辑与程序都交付在你的手上。"就是这有趣且诚意十足的文案，让板友们疯狂推文回复，而陈保元最后也顺利找到适合的人力。公司包括创办人、设计、项目、营销、工程师等共有8人，在团队的努力下，品爱情 PimLove 正式上线。

PimLove 创造免费的恋爱交友网站，整合脸书（Facebook）的技术，在脸书上为广大的单身男女牵红线，并可得到积分与实质奖赏，不同于一般的交友网站，登入品爱情网站后，它将汇整个人在脸书上的单身朋友及朋友的单身朋友，在共同好友的关系层面下，可先了解对方的为人，再决定是否进一步认识交往。

除了交友平台，正积极筹划创新的电子商务元素"PimLove SHOP"，PimLove 网站将整合脸书功能，当登入品爱情网站后，即可根据脸书个人资料推荐适合的购物信息，例如程序取得脸书上的粉丝专页、电影、兴趣等，即可归纳出他喜欢音乐、浪漫、甜点，推荐的购物情报是"客制化巧克力"或"下午茶"。另外也可在网络上赠送虚拟礼物，不需知道地址即可轻松把礼物送给对方，只要打印礼物的 coupon，即可至指定店家兑换，此功能也可透过智能型手机传递，只要双方均拥有智能型手机，就能轻松传送和接收礼物，陈保元说，"这项创新的电子商业元素，将可创造庞大的送礼商机。"

品爱情在筹备阶段时，通过创业顾问的辅导，得到最实用的经营技巧以及有关当局项目的申请补助建议。因此陈保元决定先让交友网站上线，待汇聚一定的人气后，再加入电子商务元素，让品爱情成为一个单身男女交友结合商务的专属平台。

他们尝试了上百种芽菜种植方式，只为了找出最适合芽菜生长的环境参数
主要产品：绿藤活芽菜

健康可不可以更简单一点？少一些食物加工品，多一些天然无毒的食材，多一些家人的笑容。有没有蔬菜可以不用农药、不用肥料，又是浓缩的营养精华？答案就是：芽菜！创办人选择以芽菜作为逐梦的起点，不仅为中国台湾地区农业注入一股全新的活水，也让忙碌的现代人轻松吃出健康的人生。"如果我们能通过创新的方式把芽菜种植与世界接轨，让大家能安心生食……如果我们能以过去所学，成立一个值得信赖的农产品品牌……，于是我们成立了'绿藤'，让我们的理想，借助这一株株持续生长的芽菜，传递到消费者的餐桌，也让完整的酵素，滋养消费者的健康。"

随着社会经济成长与变迁，现代人因忙碌而讲求便利与效率，外食激增，让加工食品逐渐成为国人饮食生活的主流，造成国人生鲜蔬果的摄取量普遍不足，也让健康在无形中慢慢流失。而蔬菜中残留的致癌物质——亚硝酸盐，更是健康

的隐形杀手，"在这种情形下，要如何找到美味又安心的蔬菜呢？""芽菜，而且是活着的芽菜，这是植物最原始的风貌，也是最营养的阶段。"廖怡雯在出国深造前的空当到林碧霞博士的公司帮忙，耳濡目染下终于找到答案。

然而，2010年7月，他们陆续离开原本的工作岗位，开始专注于研发与种植不同形态的芽菜，并自行设计并兴建一栋约150坪的芽菜农场，将工厂概念导入农业，开辟生长室和作业室，严格控管温度、湿度，打造出最适合芽菜的环境，让芽菜从种子处理到包装，都能维持在最稳定的状态，确保质量与安全性。为了维持并延长生命，生产过程中就必须摒弃传统做法，只要里面有一株生长状况不佳的芽菜，整盒芽菜就必须淘汰。由于团队坚持以最严格的标准出货，当处理那些不合格的芽菜时，心中的难过却激起他们无比的斗志。"对于创新形态的芽菜以及严格的出货标准绝不能妥协，因此要找出最严谨的芽菜生长流程，来支撑我们的理想。"在挫折重重的艰难磨炼下，如今，绿藤的芽菜栽培技术已经超越日本。

然而，中国台湾地区消费者对活的芽菜却极度陌生，为此，他们除了更改产品卷标以及汇整常见问题给通路外，更大幅修改绿藤芽菜的推广策略，大量增加现场销售与讲解的比例，直接面对讲求有机、安全、无毒的消费者。未来除了既有的生机品牌外，也将新成立"Greenvines"天然个人清洁保养品，未来能持续开发投资农产品与其衍生品，用专业来引领农产品的创新。

常常动不动就被顾客"教育"，慢慢摸索出自己的一套制作技术
主要产品：模型玩具

爱创作绘画的创办人李永丞，退伍后，进入知名企业担任训练讲师。这段训练讲师的工作经历对李永丞来说，是逐梦的推手，因为工作内容除了口语表达、说服话术与营销实战等，也协助学员们进行人生规划，了解自己真正的潜能和天赋，也因此让他更了解自己未来想要做的，自己心中真正的梦想是什么，规划许久之后便开始自己的创作之路。一直到6年前，当时"玩具"还是个新鲜玩意，定义很广，可泛指任何的人偶造型，包括企业、有关当局单位推出的吉祥物或周边商品，但并没有多少人知道"玩具"是一门生意。喜爱创作的他，在因缘际会之下，投入手作玩具，同时也将自己的作品刊登在网站上，和网友分享，后来逐渐受到网友的青睐与肯定，开始接受订制。

一开始，李永丞与女友张千蕙接触的是照片客制化订制的人像玩具。随着数字相机、高像素照相手机的普遍，利用相片抓住永恒的回忆，再将照片以具体化呈现的客制化人像玩具，是送礼及特殊纪念的最佳代表物。当时，这是一个新兴且极具挑战的工作，当成品一交给顾客，客人的意见是很直接的，"像不像"就一个反映，在刚开始投入这项工作时，常常动不动就被顾客"教育"，慢慢摸索出自己的一套制作技术。

李永丞说，梦工厂工作室目前多半是承接与企业或有关单位的订单，所以在会花费很多的时间和客户沟通，了解客户的需求后，再画出多款不同的平面图让客户挑选，决定好样式后，就进行制作模型的阶段，最后再送到工厂量产，设计师在这个过程中，就扮演着设计和监修的角色。此外，像是量产部分材料的认识、模具制作、质量、交期等许多细节，都必须由自己确认，从接案到设计、制作，甚至也要当业务员去跑客户。而且每个案件和服务项目遇到问题都不同，在沟通及配合上，还是有很大的学习空间。不过李永丞对此十分感激，因为虽然很辛苦，但是却也因此累积了不少作品和经验。

李永丞表示，目前工作室承接的大多是量产案件，也就是从设计、原型雕塑、量产到客户手中一手包办，但由于现在量产玩具的工厂多在国内，因为人力、成本都便宜，因此也会至工厂监工，确保每一个制作阶段的质量。

提供制作教学也是未来主要方向，李永丞和张千蕙也预计发行自有品牌商品与出版玩具制作教学工具书，让更多人认识他们。

找订单、研发新产品，都不是大难题，最困难的还是找到适合的人才
主要产品：传统香包、福袋、御守、文创商品设计开发

原本，创办人刘阡于有个幸福美满的家庭，却没料到，30岁那年，先生意外过世。看到尚未满2岁的小女儿，身为母亲的韧性立刻被唤醒，于是就在变卖透天楼，搬到旧公寓去住时，突然灵机一动，觉得可以把被迫割舍的二手家具拿到网络上去拍卖，一方面换取现金，同时，也顺便试试网拍市场的水温。

"无论是在网络或实体店面贩卖产品，营销和包装都非常重要，是决定获利的关键性因素。"网拍得心应手后，刘阡于试着去批发包包和服饰来贩卖，但因售价过高，都在千元以上，市场区隔不明显，业绩大幅滑落，让她决心另辟新路。想起17岁那年，父亲曾要她帮忙看管鹿港老家的饰品店，她认为鹿港香包造型典雅、手工精细，她身为鹿港人，应有机会从此切入。

一开始只在网络上单纯地贩卖香包，没多久，就发觉唯有具备自有的技术和研发能力，才能拥有竞争利基。恰巧，有位当地的老师傅愿意传授诀窍，让她在很短的时间内，学习到缝制香包的关键技术。有了技术还不够，必须加入源源不绝的创意，才能吸引众多消费者的目光。她突破传统香包给人的既定印象，结合水晶串珠、结编织品、天然玉佩等各种元素，让香包不仅仅是香包，而且被赋予开运、祝福、求财、求考运、求姻缘、求健康等各种功能，加上又提供客制化的服务，让产品更具独特性，也就逐渐打开了名声和订单。

目前刘阡于聘请了5名正式员工，还有多位代工人员，她感叹："找订单、研发新产品，都不是大难题，最困难的还是找到适合的人才。"由于单亲妈妈的背景，让她在晋用员工时，会优先考虑一些有类似处境的人，像是身心障碍者，或者是外籍新娘。如今不仅有了4辆货车，甚至还有店面，在端午节旺季来临时，一个月营业额还曾经高达40万元。

眼见目前公司营运渐上轨道，刘阡于并不满足，重心摆在经营自有品牌"鹿府"文化创意。所谓"鹿府"指的就是鹿港府城的意思，她希望能将香包文化永续传承下去。因此，"鹿府"文化创意的产品，现在除了可在官方网站、实体店面上立即订购之外，也已进驻高雄历史博物馆，成立固定专柜，并也在新光三越百货公司设立临时柜，带进新商机。

她着手搜集食谱、锅、碗、瓢、盆等厨房器具的缩小版，并以真实的食材带领女儿玩"家家酒"

主要产品：厨房小学堂专注在儿童料理课程发展与相关用品开发及进口，以餐饮专业经营儿童教育市场，鼓励亲子通过共同料理，养成儿童的生活能力与创造力并增进亲子间良好互动

在一次将面粉制作成安全黏土给女儿玩耍的过程中突发奇想："为何不让乐乐直接玩面粉、捏面团、做面食呢？"这样的模式等同于创办人郭珍贝平日在大学中传授给学生们的餐饮制备与餐桌礼仪，如今对象转换成2岁的幼童，差别只在于这并不是在教导女儿，而是陪伴女儿一起生活的方式。郭珍贝无意间将"家庭教育"升华为"人际社会教育"。在种种机缘下，让她接触、认识到许多与儿童料理相关的器具与知识，再结合自身的餐饮专业与人脉，儿童料理教室的创业计划渐渐成形，并申请到有关当局的补助计划，"厨房小学堂"就此诞生。

"学习，就从厨房的大小事开始。"她将这个生活方式与更多家庭分享，让更多父母一同参与孩子的成长时光。对于一生都在追寻"餐旅人"理想的郭珍贝而言，人生最大的转折是从最珍爱的宝贝乐乐诞生开始，她不仅晋升为"母亲"角色，更让她开启了人生的志业，同时也是实现一个职业妇女想要兼顾事业与母亲角色的梦想。

郭珍贝从孩童的市场出发，但执行不久后马上遇见挑战。以儿童为目标的消费市场弹性空间小，学校占去儿童生活大半的时间，仅能专攻寒暑假期与周末假日，再加上肠病毒等问题令她十分苦恼。后来她尝试改以新的经营模式：开放大人陪同参与、上学日通过外派教学的方式走入校园，并不定期搭配季节举办节庆体验活动，吸引更多小朋友及父母亲一同参与，让厨房小学堂不仅仅受限于工作室的范围，也开辟一条崭新的道路。

"厨房小学堂"是郭珍贝陪伴女儿成长重要的媒介与理想，让孩子从备料、烹调、点菜到餐桌布置，帮助孩子与父母共同学习与体验，发现自己、肯定自己，用心去经营彼此的关系以留下珍贵的回忆。"这份事业不单只为谋生而已，而是属于生活的一部分。"她不愿因为创业而让自己落入的生活，面对事业理念的推广与商品设计的每一个环节，她更坚信一切都要靠时间与用心去铺陈，就如同肯花费时间与心力才可能煲出一锅好汤的道理一番。这就是郭珍贝所坚守的餐旅人事业。

庞大的债务压力，结束餐厅后，他们将重心移回九金店，专心研发自创的独门商品

主要产品：糕饼

创业前，创办人陈韵筠曾在一家公司从事推销会员卡的工作，也介绍当时还是男友的杨程超一起进公司。杨程超虽患有中度视障，但对环境极为敏锐，很快就察觉不对劲，让她们很快便离开那家如同"诈骗集团"的公司。离开前东家的陈韵筠，从小就热爱烘焙，经常买食谱边看边学。在没有工作的时候，杨程超鼓励她应该化兴趣为职志，陈韵筠也开始到职训局受训，并请求母亲收回在九份租借的店面，让他们两人自营。2004年"九金店"成立，杨程超决定先以销售耳朵饼及麻花等古早味的饼干作为主力，以符合九份的氛围。两年后，陈韵筠想回古坑老家开店，但一直找不到合适的点，于是就近于台中开了一家餐厅。"开一家所有烘焙产品都自制自销的餐厅，这样客人就可以吃到好吃的餐前面包及餐后点心，而不必受制于供货商。"只是一向有老公在身旁打理的她，缺乏账务、现金流掌控的经验，而且一家餐厅同时做烘焙及料理，要聘用两组厨师，组织过大，超乎她的管理能力。没几个月，南下台中开店的壮举，就让这对小夫妻背了超过700万元的债务，而这还只是银行债务，不包含向亲友调借的部分。

面对庞大的债务压力，结束台中餐厅后，他们将重心移回九金店，专心研发自创的独门商品。在生意逐渐稳定、偿清债务之后，陈韵筠在杨程超的鼓励下，远赴曼谷法国蓝带学院学习，并接受辅导，进一步转型为网络宅配商家，成功缔造新一波销售佳绩。在学习的过程中，启发她利用家乡固有资源发展事业的念头，加上父亲也是栽种有机水果的农民，因此她和杨程超再一次南下，2011年5月在老家云林古坑开启第二份事业——"奶油巴士西式糕饼店"。杨程超说，"奶油是用途广泛的食材，什么都可以搭，而巴士可以带人见识四方，希望这家店能带领民众进行口味的探险。"

因为九份是国际观光客聚集的地方，古坑则是相对封闭的小区，产品无法互通，因此他们并没有打算将蜂巢糕引进古坑；再说他们是抱持振兴家乡产业的心而来，自然要用当地最著名的名产以及各类有机水果作为食材。陈韵筠小时候家境不算太好，家里没有多余的钱可买零食，母亲经常把香蕉油炸后给她当点心吃，虽是应急之策，但口味却令人回味。于是他们利用香蕉当食材，研发包着真实果粒的香蕉蛋糕，"希望可以唤起大家儿时的回忆。"

一手创立的"公司"经营权拱手让人。一夕之间，她仿佛从天堂坠入地狱

主要产品：手工香皂、有机精油、天然保养品　天然、健康、无污染的手做产品

过去一直待在实验室里，从事化妆品原料和各种清洁用品的研发工作的马惠祯，在如此稳定优厚的环境下，从没料到自己会踏上创业这条路。基于大量生产使用化学品，再加上先生派驻国外，长年独立照顾年幼子女与研发工作的双重压力，也让创办人马惠祯开始思索，"我的工作到底能为世人带来什么幸福？"于是毅然决然地辞去了人人称羡的工作，走进充满香氛的世界。

马惠祯以13年的接口化学专业研发经验，加上创意与巧手，"要做，就要坚持做到最好。"马惠祯制作的手工香皂，让消费者可以不必再忍受油臭，除了可以尽情享受天然的精油香，洗澡的同时还可以兼做 SPA，一举数得。不过马惠祯的创业之路不是都这么一帆风顺的。正当事业刚要起飞的时候，公司内部却出了问题。由于理念不合，加上不懂法规以及对人过度信任等多重因素，马惠祯被迫将经营权拱手让人。

所幸靠着学生与朋友的支持，马惠祯再次燃起对手工皂的热情，以"贞妮"为名，重新建立工作坊。不过重新出发的过程并不顺利，从原料到装潢，只能用赊账的方式缓慢地进行。但凭着一股对手工皂的热爱，让贞妮皂坊成为中国台湾地区第一家通过 SGS 检验的制作手工香皂的公司，马惠祯说，"只要是对的事，就值得我们用心与坚持。"

"Cradle to Cradle"（《从摇篮到摇篮》）的作者 Michael Braungart（麦克·布朗嘉）提出，"我们清楚顾客需要什么样的肥皂，但是河流又期望一种什么样的肥皂呢？"当清洁剂流入河水，在光滑的鱼鳞上会留下什么？我们又会吃下什么？"贞妮皂坊"手工皂刻意避免使用赋型剂、充填剂、合成色料及合成香料等物质，只添加来自大自然或食物的颜色及味道，避免产生对环境不友善的物质。

除了天然的颜色、精油、SGS 认证和贴心的设计，加上极简风的包装，让手工皂从清洁用品升华为艺术品。逐渐闯出名声后，成功将自己的作品推上国际舞台，让手工皂成为聚会及赠送外宾的最佳伴手礼，"马惠祯"三个字也成为高级手工香皂的代名词。而且，协助妇女开创事业的蓝天。好的产品是创业的第一步，经营管理是永续发展的关键因素，不断地充实更是进步成长的动力。马惠祯说："创业并不难，如果学会了更多，你不需要一直从零开始。"

年纪轻轻就踏上创业路，自己当老板，虽然她的创业还是有很多人不看好她的想法及做法

主要产品：绿墙产品

"青禾创意设计"公司，以获得专利的"垂直绿墙模块"一路过关斩将，击败各所大学创业团队，在 45 支参赛队伍中，荣获文化创意类前 5 名，并获得创业基金 35 万元新台币及竞赛奖金 50 万元新台币。

谈到参赛后的收获，创办人吴佳怡的口中尽是感谢，也非常珍惜至今的成果，"通过这些具体实践的过程，可以将很多以前在课堂上学到的知识加以融会贯通，也可以透过伙伴们彼此的脑力激荡，发想很多自己从未想过的创意点子。"

主要是因应生态环保、节能减碳的概念，运用专利改良的"无土环保介质"为基础材质，搭配专利绿墙模块，以垂直绿墙整体规划设计、垂直绿墙模块销售为主要营运项目。吴佳怡指出，目前垂直绿墙还是以坚固、安全为重点要求，而施工便利性、维护管理及组装后的视觉质量，则成为大众在选用此类商品的重要指标。

青禾创意设计所研发出的环保植生杯，荣获 2010 年美国匹兹堡发明展青睐，主要概念是以无土化栽植，让病虫害发生率降低，且吸水速度快、保水度高，在 28~30 摄氏度下，保湿度可长达 4 天，而无土植栽亦使浇灌水源能保持干净，可循环再利用，此特性也让垂直绿墙可直接搭配水幕，增加商业空间应用机会。

年纪轻轻就踏上创业路，自己当老板，吴佳怡说，"很多人'亏'我这么年轻已经是总经理了，钱应该赚很多吧！"其实，只有吴佳怡自己知道，这只是一个头衔，在光环的背后，有太多困难需要面对，"我觉得创业初期，很多东西都得靠时间和金钱去换，我们公司的服务又与植物活体有关联，一天只有 24 小时，总不可能要植物一夕长大吧！因此，时间对我来讲是最大的压力，做这一行，需要比别人有更多耐心。"

吴佳怡也强调团队的重要，她表示，虽然她的创业过程有老师及学校同学的支持，但还是有很多人不看好她的想法及做法，所幸有团队伙伴一起努力，虽然士气受到打击，也还是能咬牙撑下去。

轻松拥有自己的专属书柜

经营项目：电子书平台

轻松拥有自己的专属书柜

所有成功的创业活动，都是技术、资金、人才的完美结合，三者缺一不可。然而，在网络经济带动下，年纪轻、创意高、资本低似乎成为科技创业者的新样貌。"科技创业"的刻板印象将颠覆，成功的定义与游戏规则也将大不相同。

"湛天科技" 3 位创办人就是标准的写照。从念大学开始，就一心有创业目标的创办人蔡竞贤、庄承谚、姚长安 3 人，原本互相不认识，进入社会后，也曾经安分地当了 1 年多的上班族，因缘际会之下彼此结识，没想到凭着对科技产业共同的热忱，促使 3 人志同道合地重拾当初创业的梦想。

随身携带专属书柜

"湛天科技"的产品是 Pubu 电子书城，同时也是中国台湾地区第一个消费者对消费者（C2C）的电子书城，这是他们看到的创业机会。他们认为，一旦电子阅读器在市场逐渐普及，内容的制作与编辑就会成为另一个最佳潜力市场，而 Pubu 电子书城最大的优势就在于，具备让作家 5 分钟内就能自助出版的平台，这套软件服务甚至比美国邦诺书店还更早推出（Pubu 电子书城在 2010 年 7 月底推出，邦诺书店在 2010 年 10 月初才推出）。

他们在面对创业过程中必须经历的产业分析、风险评估、资金筹措、人员招募和策略拟定等问题时，都有顾问协助规划方向，除此之外，更协助他们参加各项商展活动，吸引更多创投公司的注意。他们三人充满感性地说，创业，是一个梦！坚持自己的梦想之余，其实是很需要家人及朋友的支持的，当他们受到挫折时，身边的人能够适时伸出援手给予鼓励，那是无可比拟的精神支持。

电子书只是一个起步，他们希望 Pubu 电子书城未来还能成为华人电子书的第一品牌，并相信这个目标指日可待。

中年创业唯有前进没有退路

经营项目：研发虚拟量测系统产品全自动虚拟量测（Automatic Virtual Metrology，AVM）

年轻时若创业失败，还有时间与精力卷土重来，中年创业则要考虑家庭经济基础。创办人高季安不只选择在中年创业，还大胆选在金融海啸过后逆向思考，认为当景气到达谷底时，就要开始复苏，这时也是客户加码投资的大好时机，等到景气反弹，由于在市场上早已卡位，顺势而起，也才能站在景气复苏前端，遥遥领先其他竞争者。

除了"天时、地利"之外，高季安认为"人和"是创业路上不可缺少的关键因素，拥有家人与合作伙伴的支持和鼓励是他成立"先知科技"最主要的动力及基础。但是从募资，找团队，一直到如何满足客户的要求等，他也不讳言都遇到相当大的挑战，幸好有创业家圆梦坊的顾问启发，导入组织定位、市场营销、财务管理与企业经营等相关观念，弥补了以技术为导向的经营团队，再加上成功大学、成大电子化制造研究中心及技转育成中心等单位给予大力的支持，使企业能够顺利营运。

这套技术就像是一个农产品的所有生产历程，只是被应用在液晶、面板、半导体和太阳能等高科技产业上，将生产机台过程中的每分每秒都记录下来，就能追溯、确认、检查每一个产品质量，达到百分之百的安检作用，也因为质量提升，减少重新制造的机会，大幅降低生产成本，使客户更安心使用。

在公司进行内部重要决策时，高季安表示在会议室里大家可以踊跃发言，相互讨论，虽然无可避免会和合作伙伴发生争吵和意见相左，但无论过程中如何激烈和火爆，一旦决议，踏出会议室，大家必须抛开会议中的不愉快，并朝着共同的目标和信念一起前进，这是合伙经营公司的重要共识。

未来他期许公司的这项技术不仅仅用在半导体业，也能在一些传统产业的制造过程中发挥效果，因此"国际化"与"跨出高科技产业"的应用，将会是下一阶段拓展的重点。

创业第三次经验值超加分！她吸取了前两次失败的教训，选择独资并申请有关当局创业贷款作为创业资金

经营项目：营养制剂

创办人连佩莹的第 3 次创业，前次创业资本额达 2.6 亿新台币，创业失败原因却是"背后一旦有金主，自己能发出的声音便少了。"她吸取了前两次失败的教训，选择独资并申请有关创业贷款作为创业资金，在某次前往国外途中，发现"营养制剂"是一种介于药物与食品等级之间，经过人体临床实验，可标准化、定量化订出剂量与剂型，没有药物副作用，又对人体有疗效的天然安全产品，可以提供给癌症、免疫系统、心血管疾病等患者使用。

她了解生物技术业受限于研发过程，时间愈长则投入资金就愈多。因此，她极力争取代理美国一家专精于营养制剂大厂的原厂原料，以减少投入研发转向取得现有成果作为主要经营模式，也才能平均一个月就开发出一个新商品。

或许是了解代理商的风险在于一旦拿不到代理权，公司也会随着消失的恶性循环。连佩莹多了自创品牌的目标，自行开发商品。这一仗到目前为止的成效如何？她庆幸，有创业家的协助，完全照着两年前写下的五年内营运计划走，在中国台湾地区设计并研发后端商品，不同的通路做成不同的剂型、剂量，产品名称在品牌定位上也清楚做出区隔。

连佩莹坚信，通过医师与药师的推荐，是最好的方式。因此，"生机生技"

常借助开研讨会、教育培训等形式，和医学中心、诊所以及药局的专业人士沟通自家产品的特色。

连佩莹开玩笑说："大部分医药产业，甚至保健品业，一些强势通路药局、医生要给你寄卖，你就偷笑了。"但她把科技业的经销模式带到生物技术业，经销商下单、他们接单才生产，而且是卖断。做到"先收钱再出货"，她将上过的财务课程——现金流充分发挥，创立公司短短半年就达到单月损益两平，目前每月营业额更是在稳定成长中。

在生物技术产业中，她强调只要技术自主和掌握通路优势，就有机会摆脱和传统大药厂竞争的局面，公司虽小，也能有不可取代的优势。

第二代的传承与转型：幸福一日游的农场运用博客（blog）、脸谱（Facebook）等网络媒体将绿地、住宿环境、酿酒、酿醋过程及客人响应一一大方分享

经营项目：酿酒、餐饮、休闲农场

中国台湾地区近年流行到农场去度假，从高山到平地，散布于全台各地的农场还真是不少。但是说到要离台北近，过了美丽风情海岸与热门观光景点后，在宜兰头城的山谷中竟藏着一个充满甜甜幸福生活味的好所在——"藏酒休闲农场"。

原本只是单纯的农场，但随着务农的获利遇到"瓶颈"，第二代老板卓志宏和太太吴季真尝试转型，开始思索酿酒、酿醋或许能带来更高的经济效益，于是二人努力取得私人酿酒执照，为了学习酿酒与品酒的技术，远飞加拿大、美国取经深造，回台后开始在酒庄中利用当地的特产，并与大叶大学及屏东科技大学合作研发，手工酿造金枣酒、梅子酒、红酒、葡萄酒等。

网络"指名度"吸引偶像剧拍摄。由于"藏酒休闲农场"并非位于观光热门区，以往只靠熟客介绍、口碑相传，营业额只能保持稳定，无法成长，加上假日及平日的人潮落差大，夫妻二人对于占地120公顷的农场使用率无法提升的状况感到苦恼，通过顾问团队的多次讨论，建议在既有知名度的基础上提升"指名度"，运用博客（blog）、脸书（Facebook）等网络媒体，将农场绿地、住宿环境、酿酒、酿醋过程及客人响应一一大方分享。

现在的"藏酒休闲农场"通过重新装潢，绿色草皮包围着大块大块不规则的石阶、屋里的某个角落则用干麦草、酿酒坛交错摆设，每一处都可以体会到夫妻二人的用心。吴季真说："顾问给农场新生命，也给我们一个为土地效力的机会。"而农场内四季景致多变，不但可以赏酒、品酒，更可以 DIY 酿酒。

在扩大服务项目和"指名度"具体提升后，连影视圈的人都被农场美景吸引，租借场地拍摄当红偶像剧"钟无艳"，让"藏酒休闲农场"逐渐成为宜兰头城必游之处。卓志宏说："创业者要真心听建议，仔细做决定。"接手经营后，他才发现当一位经营者，不论事业大小，每天都有要学习的事物，有了开始就得好好地经营，"藏酒休闲农场"也会秉持这样的信念，给予繁忙的都市人一个远离尘嚣的好去处。

传统产业升级，注入品牌能量
经营项目：自行研发美发用品、宠物洗剂等消费性用品

"波飞特"创办人吴欣璇，当初不忍父亲经营十几年的化妆品代工厂付诸东流，30 岁那年在和老公讨论过后，便决定接手，把原本营运不善、近乎关门的家业重新整顿。创业初期，正值金融风暴冲击经济，自有品牌的美发商品销售不佳，代工的订单量也是不尽理想，这些都考验着吴欣璇如何把摇摇欲坠的传统代工产业，重新扶正步入正轨。

做足准备就不怕无法满足客户需求。当时，吴欣璇从调整公司的经营模式下手，决定转向以代工为主的市场，经营自有品牌为辅，但刚开始时也是不顺利，吴欣璇笑说："第一年真的是烧钱，许多客户都是抱持观望的态度，不敢下订单。"那时，她和老公就积极调查通路热销产品，着手开发新的配方，将研发出来的样品送给客户试用，"因为相信，当我们自己准备好了，只要客户有需要，随时都可以把东西拿出来。"

秉持着满足客户的理念，现在吴欣璇开始可以机动性配合客户需求调整配方，有时一来一往高达 20 多次，相当花费时间和成本，这也是一般代工难以做到的服务，但吴欣璇仍坚持合作默契，不仅要求质量，也愿意少赚一点，以低价位争取客户信任，这样的做法，的确成功地让波飞特的营业数字转亏为盈，在建立良好客户关系后，客户们陆续将高单价、高利润的商品交给他们做。

逐渐站稳既有的美发洗剂代工市场后，吴欣璇也积极转往开拓其他通路市场，除了接下宠物洗剂和赠品的代工制造，未来计划切入婴儿清洁护理的市场，提升产能，朝向机具自动化发展，以符合中国台湾地区化妆品法规所需的 ISO 质量与 GMP 标准。

吴欣璇认为，创立事业态度很重要，什么样的态度决定什么样的结果，两年多来，她就是抱着"满足客户"态度来做事，而自己身为老板，对员工也怀着一种社会责任，就是这股力量督促自己继续前进。

旧瓶新装不变的是服务，在网络上以品牌，结合博客、网站与关键词营销首度发声

经营项目：皮包、鞋子、服饰的清洁、保养、维修、特殊处理、生化洗涤

过去，由于家族中经营传统洗衣店，总有熟客询问，除了衣服之外，包包和鞋子也可以洗吗？正因为消费者这样的需求，进而嗅到新商机，促使赖世霖与母亲在原有的服务项目上，增加新的创意——配件清洁，现在，他们的服务范围遍及全台，营业额也随之增加。

精品消费风气盛精准锁定目标族群。"愿意突破"是赖世霖与蔡素兰这对母子在创业过程中最大的坚持。过去，家族曾在基隆经营，因为隐身在小巷内，客人觉得不方便停车，也时常找不到店面位置，自他们重新调整后，就开始积极寻找新店址，后来决定搬到靠近捷运站、又有几个大型百货公司林立的市区黄金地段，精准地锁定高消费族群为主要服务的对象。

他们意识到消费精品的年龄层下降，在网络上以品牌，结合博客、网站与关键词营销首度发声，并主动与品牌店频繁接触，凭着不怕被拒绝的勇气与提供可以先试洗、评估效果的服务，进而取得名牌店客户的信任，一举打响。

回忆创业过程最令他们感动的是，某一天，一位妈妈级的客人拿了许多皮包来店里，当中有一个坏掉的鳄鱼皮包，客人告诉他们："其他的包包你们修不好没有关系，这个包包一定要修到好，因为这是我母亲的遗物。"

赖世霖听了大为感动，一个皮包承载着客人对母亲的思念，顿时这个鳄鱼皮包的价值超过一切。纵然，处理的过程相当烦琐，维修的价钱也远远超过一个新皮包。然而，当他们完成这项艰难的任务，收到顾客亲笔写的感谢信时，来自顾客的认同与满意已经是经营事业中最大的满足。

赖世霖及蔡素兰谈道："创业至今，挫折难免"，不管是金融风暴，或是因为维修皮包行业的竞争越来越大，也有许多加盟业者投入市场竞争，这些都是他们遇过的难关，但有了有关当局免费顾问可以依靠，反而更坚定他们在技术上的创新，促使他们的品牌在市场上更具有不可取代性。

抢占独特性的"蓝海"市场

经营项目：银发族的相关商品销售

曾经身在信息业，深深感受到科技产业压价竞争情形日益严重，张庆光认为经营企业，应该要做出差异化的创新，才能创造出"蓝海"市场。

在一次机会下，张庆光EMBA的同学自日本带回来专为银发族设计的一项商品，让人看了眼睛一亮，开始思索这项实用的商品，为何在中国台湾地区却看不到？经过不断推敲、自问，年轻人的流行商品可以和日本同步，提供给银发族的商品应该也可以这样做，加上中国台湾地区已逐步迈向老龄化社会，银发族商品拥有庞大商机。看到具独创性的"蓝海"市场，张庆光成立了专卖银发族商品的"乐龄网"。

整合通路，看到别人没看到的市场需求。张庆光谈起老人市场分析指出，很多人提到老人都和病人画上等号，只想到医疗、照护这一块市场，却忽略银发族生活上的需求。过去，想买一支老人家用的拐杖，要跑医疗用品店，想买行动辅助器，又要跑另一家，实在不方便。张庆光说："我要做的就是把专卖银发族商品的通路整合起来。"

于是，张庆光辞掉了令人称羡的外商信息业工作，毅然投入银发族市场的经营，刚开始从网络商城做起，接订单、打包、寄送到做报表，样样都自己来。"当老板不比当员工，心态需要重新归零。"张庆光回忆刚开始一人创业，曾经花了半年时间一家一家拜访厂商，争取厂商提供货量，其中辛劳也是不言而喻。但张庆光提到，只要客户因为使用商品而满怀感谢，一切的辛苦都值得了，这也是支撑着他一路走过来的信念。

由于网站的独特性与用心经营，"乐龄网"在短短2年时间内，由一家网站商城发展到4家实体店面的通路，两年内的营收成长达200%。在创业期间，张庆光对于未来企业发展有更明确及长远的品牌目标。对有意创业当老板的人有何建议？张庆光认为，没有准备好，千万不要创业；若要创业，不能只是单靠低成本、低价格来当武器，而是要做出差异化，才能靠独特性创造市场，并拿下市场。

花生老店也能在网络上拥有新商机

经营项目：花生相关农产品研发

创办人吴诗婷从第一份工作开始，就一直是自己当老板，先靠着女性服饰店起家，销售衣服和配件，年轻的吴诗婷很快就拥有属于自己的事业。不过，从经营实体店面中，她却观察到客人的消费形态正在改变，网络的崛起，让越来越多的消费者习惯在网络上进行交易购物，这让吴诗婷了解"电子商务"才是未来的趋势。

有了电子商务趋势的启发，身为土生土长的云林人，老家为花生收购商，再加上云林县有关当局近几年来极力推动高经济价值、精致的农业，鼓励农民建立自我品牌、推广营销，这给了吴诗婷一个强烈的念头："为什么不利用网络，把传统家族的花生事业介绍给更多的消费者？"

吴诗婷表示，因为老家本身就是花生收购商的优势，不但能够掌握花生的质量，也免除市场价格剥削，在价格和质量都能兼顾的情况下，消费者可以用最实惠的价格，吃到有别于传统口味的花生零食。于是，以自己的英文名字，再融合奶奶当年嫁入这个家庭开始做起花生事业的故事，成立了"埃米莉幸福庄园"，为传统家族的花生事业注入新的生命与力量，更进一步将单纯的花生加工成多种养生口味，还推出礼盒，希望满足消费者的味蕾。

现在，"埃米莉幸福庄园"已改善传统经营方式，并架设网络平台，善用网络的力量协助推广，从学习怎么样借助设定关键词、博客口碑营销等，提升网站搜寻的曝光率，让消费者可以轻而易举发现"埃米莉幸福庄园"。而有了网络营销的基础后，吴诗婷的下一步会继续放在开发新产品上，像看似简单的花生糖，要做到软硬适中不黏牙就很考验技术。另外，虽然网络带来一定的成交数量，但她还是希望可以增加实体通路（如：市集或假日农场），朝虚实整合的目标迈进。

免费提供花莲乡亲与在地学生一个崭新思维的生活美学空间，创意大无限
营业项目：自制手工、创意商品

创办人：陈秀美，阿之宝手创馆，是一个集结中国台湾地区各地自制手工与创意商品的销售平台，除了有传统产业的竹艺、瓦窑、蔺草商品，并有年轻人以水泥、不锈钢汤匙、漂流木、纸浆、金工、陶等不同材质做成的手工创意产品。店内所有产品多为工作团队自行环岛亲自洽谈，实际亲访工厂或工作室，认识作者并了解制作流程，排除代工疑虑、注重中国台湾地区本地特色，以精致手艺与创意为基础，精选适合的品牌进驻阿之宝手创馆。成立至今已经与200多个品牌合作过，目前维持100多个中国台湾地区品牌的持续经营中。

阿之宝手创馆目前共有两个实体店面、一个艺文空间。阿之宝手创馆位于花莲市中心一栋 80 年屋龄的老木屋，以中国台湾地区传统产业、年轻人创意商品、老店招牌酱料等销售为经营主轴。各大媒体旅游信息亦将阿之宝手创馆介绍为到花莲必游之地。

阿之宝的第二个实体店面为"阿之宝 光点生活"，位于台北，结合三级古迹"台北之家"的优美建筑，展售各式中国台湾地区特色的创意商品。这里不但是手创品的展售处，同时对来此的观光人士，更是一个传递中国台湾地区文化创意信息的重要平台。定位成艺文空间的阿之宝小空间，位于花莲市中心一栋 50 年屋龄的双层老木屋，定期举办各式艺文相关活动，免费提供花莲乡亲与在地学生一个崭新思维的生活美学空间，除了专业展演及座谈之外，更不定期举办的电影欣赏及手艺达人 DIY 讲座，参与民众反应热烈，深受好评！

当市场赝品充斥，消费者对于鱼目混珠的商品无从判断起，于是"阿之宝"工作团队亲自环岛实地拜访厂商，精选信誉可靠、质量精良的品牌进驻，为消费者做筛选与把关。如此，不仅具有岛内市场竞争力，对于岛外市场更是潜力无穷。

前三年，每天都很后悔创业
经营项目：婚纱摄影

很多人在结婚前有一种美梦，想要依山傍水将婚纱拍得美美的。很多人也有一种感叹，结婚后婚纱照就再也不拿出来看了。婚纱照拍美不是难事，但是有真情流转其中，让人看了就感动落泪的，就需要用心和创意了。

创办人林煜为，婚纱摄影资历十几年，曾经在知名婚纱公司担任摄影总监，月入十几万的他在业界名利双收。"我在婚纱摄影业界十几年，以前只要礼服、造型和摄影强，婚纱照保证美美的，新人都很满意。"但是随着竞争者投入市场，婚纱摄影变成价格竞争，甚至连担任摄影总监的他都要到婚纱展拉客推销，于是，林煜为在还没想出解决之道前就递出辞呈，他心中只想着"婚纱摄影对新人的意义难道只是拍些美美的相片，在婚礼现场展示之后就束之高阁？"

林煜为将店面开在地租便宜且很偏僻的地方，当时他心想拍得好自然有口碑，何况这是网络营销的时代。刚开始，他只知道必须在艺术当中呈现人文情感，但是应该怎么做却毫无头绪。"前三年，每天都很后悔创业，压力大的时候，只剩下我想给家人过好日子的意志力支撑着我。"

直到有一天，林煜为听着新人的爱情故事时，惊觉"就是要把新人的故事拍进去，作品才会有感情。"他认为每对新人独特之处就在于两人一路走来的经历，于是他开始构思呈现的手法，甚至画了电影分镜图，结果像电影画面一般的相片成形了，"相片和文字旁白组成的画面，有了真情流转其中，于是产生感动的力量。"林煜为现在回想还是觉得一切如有神助。

现在，链接到他的博客，会发现每个作品都像一部部令人迫不及待想看的电影，有着专属新人浪漫爱情的主题和故事，像电影画面一般，每幅相片都低低切切诉说着恋人絮语，虽只是几张相片，却传达了每对新人从相识、相爱到相守的历程。于是，相片成了时光机，带人停留在人生最美丽的时光。

林煜为转型后，将一切价格都透明在网络上，并且还创新地附送全部的数码底片。"前三年，每天都很后悔。"林煜微笑着补充："不过，自从我拍出了感动人心的作品。现在，我每天都好快乐。"

婚礼顾问市场　新兴服务业商机
经营项目：婚庆服务

结婚是人生大事，许多人对于婚礼自然有着天马行空的浪漫想象——从这里你就可以知道婚礼顾问（婚庆）这行业很辛苦。然而要当个称职的婚庆不只是辛苦，还要有超人的耐性、过人的细心以及"百烦不厌"的超级热心。

创办人吕信达说自己职场生涯一开始和许多人一样只想找个好公司待着，不过由于当婚庆是妻子从小的梦想，加上两人工作都在媒体制作单位，有许多企划执行活动、解决各种突发状况的历练，因此在创业的时候就决定开婚庆公司。"大部分人对结婚都是第一次，没有什么经验，每对新人的个性和需求也不同，加上家庭背景对礼俗的要求，所以婚庆的耐性、沟通力和重视细节的能力就很重要。"

回顾创业刚起步的阶段，难免会在和厂商、饭店接洽时看到一些冷漠的脸色，同时面对公司的营运和管理也是一大挑战，资金投入之后如果没有生意上门就是在烧钱的压力，是许多创业者难忘的回忆。吕信达说："有些新人只是上门看看喜帖、买些小东西，是听我们的介绍才知道有婚礼企划的相关服务，进而坐下来听我们的介绍。"婚庆目前在中国台湾地区的婚姻相关市场上，其实消费者接受度还有很大的提升空间，不过这个观念正在慢慢形成，吕信达在成立婚庆公司之前就花了将近一年的时间做市调、接洽厂商等布局准备的动作，加上天生热心的个性，因此这份事业还是让夫妻俩乐此不疲。

正因为这种过人的热心，吕信达在公司成立以来已经企划过大大小小二十多对新人的婚礼，有远赴海外意大利的海外婚礼，也有新人工作太忙，筹备过程全靠网络 MSN、Skype 和 E-mail 联络沟通的情形，还有两个星期内"紧急救火"的大型户外婚礼等等，各种不同的状况，都需要冷静沉着面对，也考验快速解决问题的能力。吕信达说公司准备要成立的时候有朋友听到消息，只问他们夫妻俩"是不是不要命了？"不过公司成立一年多来，他认为这个市场还可以容纳更多有想法、有热情的人投入，吕信达认为这个产业未来随着社会风气的开放，还有更多商机可以发掘。

善用营销力，让运动兴趣成为真正的事业，在运动休闲产业走出一条新路
经营项目：运动教室

"台大"化工系毕业的创办人詹钧智说自己念化工原本是为了准备接掌家里的油漆工厂，毕业后历经科园区的几份工作，没想到最后是在运动产业找到自己创业的起点。曾经担任过 2004 年雅典奥运会义工、过去念书时就是田径队选手的詹钧智说："因为热爱运动，所以在创业之前最后一份工作就是在运动产业相关的活动公司上班，接触到许多活动企划的工作内容，其中包括 ING 安泰人寿的中华台北国际马拉松和 101 登高赛等等，也奠定了后来从运动产业创业的想法。"

在家人的支持下，詹钧智开始了他的"浪斯邦尼运动教室"，有别于一般健身房摆满各种健身器材，他对于运动教室的想法别有特色："我希望这个运动教室可以有各种不同的有氧运动、舞蹈等课程，能够多元化地满足不同的运动需求。"目前浪斯邦尼运动教室成立至今短短 1 年半，已有四间独立的运动教室，合作的专业老师二十多位，会员编号已经超过六百人，詹钧智认为竹科许多大厂都有自己的健身房设备，因此除了自己教室内提供的课程，很重要的一点在于自己是一个"专业运动教师经纪"的角色，用类似人力中介派遣的方式，将触角伸入竹科园区。詹钧智说："新竹地区很多运动教室都是舞蹈或者有氧运动老师自己经营的，但是我拿手的是活动企划与营销而非授课，所以要从营销的层面不断地打响运动教室的知名度。"

说到创业的甘苦，詹钧智说："印象最深刻的就是运动教室在装修期间每天都跟父母吵架，因为彼此想法都很不同，需要花很大的力气来沟通，以前上班的时候心情不好可以请假，事情出错有主管帮忙顶着，但是我发现变成经营者之后，我不但不能放假，简直一天24小时都要努力思考、规划要如何让公司营运往前走，面对这么多相挺的老师和学员，以及创业家圆梦坊一路陪伴关心的顾问，我有责任把运动教室经营得更好，这不只是我自己的事业，也提升我的生活和人脉到达另一个层次。"

詹钧智认为，创业者最需要的特质除了强大的抗压性，也包括快速处理各种突发状况的决策力，刚一年多的浪斯邦尼运动教室，目前正朝着未来成为"新竹地区运动教室第一品牌"的目标迈进。

亲戚竟然卷款潜逃，留下一个烂摊子让他们收拾，用热情与品质打造超人气烧肉店

经营项目：烧肉店

曾经是记者的创办人戴尔蓉，说自己创业是因为"赶鸭子上架"。这个总是笑脸盈人、热情招呼客人的烧肉店老板娘，当初一开始只是想要拿出和老公的多年辛苦积蓄，在亲戚经营的烧肉连锁店当个不管事的股东等着分红，没想到亲戚竟然卷款潜逃，留下一个烂摊子让他们收拾。

戴尔蓉说："以前去参加一些经济部中小企业处主办的创业活动，里面的老师说'合伙是创业之癌'，我心里还想着毕竟是自己的亲戚家人，应该不会碰到这么恶劣的事情吧？没想到就给我碰上了！"当时她才刚生完小孩，对烧肉店和创业一无所知，但是因为"我有这么多员工要照顾，不接下来也是损失一大笔钱，干脆就接下来，好好做出一番成绩！"事实上，被骗了辛苦积蓄还能这么积极乐观，这样的个性不出来创业才会令人感到奇怪。戴尔蓉先从找店面开始，同时对大台北地区的烧肉店品牌进行"地毯式"的试吃比较，包括王品集团的原烧烧肉连锁、外来的干杯烧肉系列以及各种不同价位的吃到饱她通通没有放过，同时也善用网络搜寻资源，找到了辅导计划，一边研究创业的各种可能性，也同时开始了她的烧肉店。

创业过程里她除了密切注意同业的动态，也不断地开发新产品，整栋共四层的店面她利用空间做出不同用途的规划，因此除了一般的用餐客户，她的店也有适合团体聚餐的独立包厢空间。在服务上她特别要求店里的员工只要有空一定要帮客人烤肉，热情的服务态度与新鲜高级的食材迅速地为她赢得许多客人的支持，店里的多款高档进口冰淇淋更是让客人觉得相当过瘾，因此每到周末经常店里爆满，一位难求。戴尔蓉说她特别感谢创业家圆梦坊的咨询服务，提供咨询的老师看过菜单之后建议她与其让客人有一百个选择，不如挑出最具竞争力和口碑的项目当作主攻火力，其他的当作不定期推出的限量特别加点，不但可以稳住业绩，让客人留下深刻印象，也能够维持新鲜感，加上高档进口冰淇淋，每位顾客吃到饱的生意照样火红，在日式烧肉市场独树一格。

戴尔蓉指出，现代人要创业，善用网络资源非常重要，目前她正在规划号称"秘密武器"的火锅汤头配方，准备在店面和网络"虚实并进"的策略下开发新的业绩来源，创业对她来说虽然有几分意外，不过她已经用创业家必备的热情与坚持，走出属于她自己的路！

结集高阶研发团队，不断创造美容品新商机，就是要你美得很时尚
经营项目：美容化妆品

创办人林淑贞经过了结婚、生子、就业及人生的起起落落，小孩也渐渐长大，在此期间，不断地寻找事业的新契机，学习进修各项技能。在一个偶然的机会，认识了从事美容证照及教学工作的专业老师，并跟她学习美容丙级及教学的工作；"经过老师的指导，也学习教导学生考照的工作，后来自觉有极大兴趣，想更上层楼充实自己，再去进修化妆品应用管理的课程，学习一些化妆品的研发、知识及管理。"想开一间物美价廉、质量实在的保养品专卖店。

经过一段准备时间后，于是就在四年多前与大女儿媛媛于高雄创立了这间保养品专卖店，取名为"易美工厂化妆品原料专卖店"，同时还教导会员制作各种针对自己肤质需求的保养品。一直以来，易美宣颜的主要方向都是以化妆品研发、产品OEM为主，并提供产品给一些店家或是专卖店。到了2007年，易美宣颜准备转向更多元的美的部分前进，也有新的专利产品发表。

易美宣颜集结了许多高阶研发团队人员，不论在研发或保养品知识认证上，都属专业认证，在这里，不论是保养品、原料或其内容物成分，在市场上皆与其他竞争产品有所区隔。易美宣颜使用的原料都经过敏感测试与许多专业测试认证后进行研发产品。

易美宣颜的研发团队，所推出的产品均为市场上还未上市之特殊产品，为的是让客户可以比别人更早用到新的产品，又可以享受到物美价廉，质量好、成分新的专业保养用品；也因此，易美宣颜的产品，在 1997 年度与高雄荣总美容中心互相结盟合作等，让易美宣颜研发的产品更有专业认证的质量保证。记着，任何时候要好奇、好学，并积极创新、创意，迎向美丽人生。

浓浓的传统风味 用心烘焙出幸福的味道，分享此份深深的感动……

经营项目：牛角面包

创办人黄小姐本身为三峡人，从小就看妈妈做牛角面包，耳濡目染而略有心得。两年前因在三峡要帮小孩购买金牛角面包当校外教学餐点、排队许久最后却落得"卖完了，又服务不佳"的遭遇，而心生自己创业的念头。自此，抛下原有的设计装潢工程之工作，专心研发自制牛角面包，以传承制饼经验为信念，没有哗众取宠的宣传包装，秉持着对传统糕饼的热爱，结合了独家研发的技术与创意，讲究坚持使用质量最高级及最新鲜的材料制作出纯正风味与美味十足的牛角面包，除了散发出香醇的奶香外，并有外酥内实的口感，更有浓浓的传统风味，终于于 2005 年 10 月正式开店贩卖。

走进店里，店铺气氛的布置与营造及色调让人有种温暖的感觉，搭上服务人员的灿烂笑容，有种温馨的感动；为区隔三峡原有的知名老店品牌，而创新口味、除了原味牛角面包更研发出其他不同的口味，如：蒜味、干酪、巧克力、椰子……颇受好评，因此生意日益兴隆，并吸引知名电视媒体主动采访店铺及报道制作过程，现已有规划宅配服务及提供半成品批发订单。

黄小姐的主要客源为附近工厂员工、熟识朋友介绍、店铺邻近夜市客流量多，目前主推礼盒及促销活动，吸引顾客消费；创业至今一年多，为了要经营更稳定成长，创业圆梦坊顾问给予专业建议，以 LOHAS 乐活族生活形态之健康趋势、研发商品，以及改良现有的牛角面包商品，使其更具健康形象，并加入"有机食材与费工费心的烹调技术"，塑造美食印象与宣传之话题。

黄小姐为了让更多人知道，因而建立网络商店，以快速响应顾客，善用博客营销，散播真心诚意的经营理念，与顾客互动。近期更获东森新闻等媒体专访报道，吸引许多闻名而来的顾客，且通过消费者口传介绍，近年成为树林地区首屈一指的牛角达人新秀店家，并获各公家机关团体指定订购员工年节礼之店家，目前已成立两家门市为广大消费者服务；也于奇摩拍卖平台正式开张，一元劲标反应热烈，实体店铺结合网络商店，加速市场能见度。

用对故乡的真感情　烧出在地好滋味
经营项目：餐厅

说话温柔婉约，让人如沐春风的林素贞，其实是一个干练的餐厅老板娘，从小在鹿谷长大，念书时北上主修新闻，毕业后回到家乡，适逢农委会甄选优秀农村青年担任"草根大使"，林素贞与先生王文正皆获选，并分别获得前往日本以及美国的考察进修。林素贞和先生结婚之后在南投埔里开茶行，先生则是在农会任职，后来两人携手打拼，成立了第一家金都餐厅，在埔里这个观光胜地，林素贞想要为乡亲创造更好的用餐空间，提升饮食文化水平，因此金都餐厅不只是有停车场，现场1200个席位，也招来许多旅游团体的生意。

林素贞说："未来的餐厅不是只有让客人吃饱，更要让客人吃得好"，她经营餐厅的同时也不断与当地产业文化结合，也借助不断参展、研发绍兴宴，吸引媒体采访，与观光局一起推动埔里的产业观光。"9·21"大地震时，首当其冲的埔里地区灾情严重，但是金都餐厅因为设计规划时以钢构结构兴建，因此是埔里少数没有倒塌的大型建筑，走过漫漫重建路，林素贞把金都餐厅的经验带回竹山，成立了"金竹味"，她说回到故乡是一个里程碑，也要有新的气象，因此她在中小企协的网络营销课程之后，开始规划餐厅的专属网页，也强化服务人员的外国语训练，目前金竹味的国际化菜单有三种语言，而产品面则是以竹山当地的食材研发出"金鸡母发财餐"，用四季时令食材，结合水里蛇窑的器皿，加上茶叶的特殊风味，非常具有地方特色。

金竹味亦借助参与新创事业奖，继续推广家乡好味道。

罹患大肠癌，不过，反而让他开启另一扇生命之窗
主要产品：鱼类

创办人刘天和说："天底下大概只有我是为了吃鱼，而自己去盖渔场的。"只有小学毕业的刘天和，从一位冷冻空调维修工打拼成为电子厂老板，友达、联电和茂德都是他的客户，但事业如日中天时却罹患大肠癌，不过，反而让他开启另一扇生命之窗，成为年产六十万尾的海鲡王。患癌后医生劝他从改变饮食开始，但他发现市面上食材不是受到污染，就是过度使用抗生素，尤其他最喜欢吃的

鱼，更让他难以下筷，于是兴起自己盖渔场的念头。

患癌后，爱吃鱼的刘天和对于市售的食材卫生非常疑虑，他干脆自己养鱼，2003年，他决定到澎湖开创养殖渔业，选择澎湖是因这里环境完全没有工业污染，水质干净优良，但他养殖的海域因为最靠近外海，作业环境条件最恶劣，虽要承受较大天然寒害风险，但也因靠外海水流快，浮游生物少，养殖的鱼质量也最好。"我当时只是要饲养海鲡、红魽、龙胆石斑让自己和家人吃。"但后来，他认为消费者也应该要吃到卫生安全的鱼，而且认为有市场需求，于是投资箱网设备，从水质、底泥、饲料、鱼苗等，都是通过重金属检验，且符合欧盟标准。

2013年一场龙卷风来袭，造成鱼群大量死亡，刘天和投资的八九千万一瞬间就没了；2014年1月又来一场寒害，这一损失又是18000万元。"这些寒害损失真的让我很烦闷、很痛苦，真的是无语问苍天。"刘天和说，尤其2014年1月间，因为货轮没开，根本来不及将渔获捞捕上来，但即使如此艰困，他还是把眼泪擦一擦，咬牙苦撑做下去。为的只是个心愿和理想，"既然患癌症没死去，就做一些对天对地、对自己良心有意义的事。"

在员工眼中他是位脾气超好、完全没有架子的老板，虽然工程本业很好赚钱，但他穿着简单，全身上下没有一样是名牌，用的原子笔一支不到十元，名片夹旧到要用橡皮筋绑起来，在刘天和身上，让人看到了质朴坚毅的大地性格。

别人称刘天和是一位传奇人物，但他却一直笑称自己只是凡夫俗子，他永远记得一位朋友送他的一幅字，"积金已遗子孙，子孙未必能守；积书已遗子孙，子孙未必能读；不如冥冥之中积些阴德，遗给子孙，走向康庄大道。"只吃自家生产的鱼、猪、鸡、蔬、果，让刘天和每半年追踪一次的癌细胞，历经八年后，都不再复发。

现在的刘天和每天精神抖擞，健步如飞，经常到世界各国去参展，推广他的养殖渔业，生活一样忙碌，但他乐活人生的心境，多了更有意义的动力与目标。

让老人家及残障人士享有行走的权利
主要产品：电动车
威胜营销企业有限公司为泰胜开发企业有限公司的子公司，目前代理由泰胜开发企业有限公司所生产的电动四轮代步车、电动自行车等产品，致力于全省加盟直营电动自行车。

泰胜开发企业有限公司成立于 1995 年，主要的业务为组装制造电动辅助自行车，电动自行车及四轮代步车，目前共计有员工 20 名，成立宗旨为因应响应环保，节能减碳制造可靠及安全的二轮（四轮）电动车辆。成立初期致力于研发电动自行车，于 1997 年成功研发出中国台湾地区第一台"电动自行车"TS-320XL，于 2000 年开发出 TS-320SS，TS-320SS 是可折叠式电动自行车，它整合了现在人所有的需求，不论是休闲或是通勤，它都符合现在人的需求，既节能省碳又健康环保，接着陆续研发三轮电动代步车及四轮电动代步车，研发的契机是让老人家及残障人士也享有行走的权利，在 2004 年研发出 TS-520SS 三轮的电动代步车，在 2005 年推出 TS-588 四轮的电动代步车，2006 年在研发上又有重大的突破，开发出 TS-589 四轮的电动代步车，让年老人家及残障人士骑得更稳健更安全，2008 年公司在技术研发渐渐成熟加上引进国外先进仪器，使质量、电能有了更大效能的提升，陆续推出 TSV3、TSV5、TSV6、TSV8、TSV9、TSV10、TSJ1 等多种车电动代步车，为了符合广大市场的需求及提供更远距乘载、更高质量、更轻量化车种，让消费者骑得安心也骑得开心。

公司对环境、生产管理、质量相当重视，产品严格执行国家质量审验标准，对产品质量严格把关、确保每个产品都能达到优良产品标准生产环境的要求，降低工厂运作时所带来的污染，达到绿色产品的主要要求。

对于未来展望将以发展更有竞争力、更高效能无污染的电能、高质量轻量化的车种开发，以社会大众骑乘更舒服、更安全为宗旨。

DIY 五金　穿上设计感的生活精品
辅导重点：策略规划、人培辅导、转介育成中心
得云国际黄孟锋

过去从事婴儿用品设计的黄孟锋，从小就热爱设计与艺术，大学联考时因为没有考上自己心目中理想的科系，转进企管领域之后他仍然持续地进修设计、绘图等相关课程，毕业之后也继续从事产品设计的工作。

从婴儿用品到家庭五金，这看来是一个很大的转变，不过黄孟锋由于家中过去从事与五金相关行业，所以对这个领域并不陌生，不过在创业时他对未来有一个清楚的定义，那就是要让 DIY 五金能够成为"通用设计"的产品。所谓的通用设计，就是不局限于一般使用者或者装潢业者，而是让残障人士也可以方便使用的产品，黄孟锋说："许多在一般人看来简单的锁螺丝之类的动作，对于失去双手的残障人士来说，其实是很困难的，我希望我的产品不是黑黑脏脏的五金零件，而是可以广泛地让正常人或者残障朋友都可以轻松使用的创意产品。"

有了清楚的目标，黄孟锋推出的产品第一年就得到了三个国际级的设计大奖，其中包括国人所熟知的 iF 设计奖、红点设计奖等等，黄孟锋说："参加比赛得奖是对我们一个很大的鼓励，得奖也对公司知名度有很大的帮助，不过要推广新产品、教育消费者还是一个必经的辛苦过程，也因此我们经常赴国外参展，希望这样的产品能够很快地扩张市场占有率。"

图书在版编目（CIP）数据

咱们创业去/廖国鼎主编. —北京：经济管理出版社，2015.6
ISBN 978-7-5096-3833-0

Ⅰ. ①咱… Ⅱ. ①廖… Ⅲ. ①中国企业—企业管理 Ⅳ. ①F276.3

中国版本图书馆 CIP 数据核字（2015）第 143401 号

责任编辑：谭　伟　王　琰
责任印制：黄章平
责任校对：王　淼

出版发行：经济管理出版社
　　　　　（北京市海淀区北蜂窝 8 号中雅大厦 A 座 11 层　100038）
网　　址：www. E-mp. com. cn
电　　话：（010）51915602
印　　刷：三河市延风印装有限公司
经　　销：新华书店
开　　本：720mm×1000mm/16
印　　张：14.75
字　　数：248 千字
版　　次：2015 年 7 月第 1 版　　2015 年 7 月第 1 次印刷
书　　号：ISBN 978-7-5096-3833-0
定　　价：48.00 元